FRANÇOIS-JOSEPH I

& SON RÈGNE

1848 – 1888

A l'occasion du 40e anniversaire

DE SON AVÈNEMENT AU TRÔNE

PAR

A. DE BERTHA

Avec gravures, dont une eau-forte de Manesse

PARIS
LOUIS WESTHAUSSER, ÉDITEUR
10, RUE DE L'ABBAYE, 10

1888

FRANÇOIS-JOSEPH I

& SON RÈGNE

H. MANESSE
Wesihausser Edit.
Imp Ch. Chardon.

FRANÇOIS-JOSEPH I

& SON RÈGNE

1848 — 1888

A l'occasion du 40e anniversaire

DE SON AVÈNEMENT AU TRÔNE

PAR

A. DE BERTHA

Avec gravures, dont une eau-forte de Manesse

TROISIÈME ÉDITION

PARIS

LOUIS WESTHAUSSER, ÉDITEUR

10, RUE DE L'ABBAYE, 10

1888

AVANT-PROPOS

Pour tous ceux, parmi les Parisiens, qui, ou par esprit de parti, ou par simple coquetterie, ne répudient pas les souvenirs vraiment merveilleux de l'Exposition Universelle de 1867, la visite qu'y fit François-Joseph en restera assurément un des plus agréables. Les souverains qui l'y ont précédé n'ont pas su gagner les sympathies réelles de l'opinion publique en France: l'un fut trouvé par trop frivole, l'autre légèrement barbare, tandis que, vis-à-vis du troisième, on a éprouvé des méfiances, hélas! trop bien justifiées.

Quant à l'Empereur d'Autriche, récemment couronné Roi de Hongrie, les suffrages lui étaient d'avance acquis; ses revers à peine réparés, la mort tragique de son frère l'Empereur Maximilien touchaient les cœurs les plus indifférents. Et ces bonnes dispositions ne tardèrent pas à se changer en enthousiasme, quand on apprit qu'il allait s'arrêter à Nancy pour y faire un pèlerinage aux tombeaux de ses ancêtres, les ducs de Lorraine. C'était en quelque sorte reconnaître qu'il était presque un Français.

Aussi, le jour de son arrivée à Paris, pouvait-on imaginer qu'il rentrait dans sa capitale. Il y était attendu sur un long parcours, depuis la gare de l'Est jusqu'au Palais de l'Elysée, par une foule compacte, dont les acclamations continues le forçaient à la saluer sans interruption. Et si son maintien distingué, élégant, mais cependant digne, fut déjà beaucoup apprécié pendant ce passage rapide, ayant prononcé, quelques jours plus tard, à l'Hôtel-de-Ville, son mémorable toast si pacifique et si généreusement libéral, il exerça une vraie séduction sur le pays tout entier.

Vingt et un ans sont écoulés depuis cette époque brillante de l'histoire moderne, et François-Joseph achèvera le 2 Décembre prochain la quarantième année de son beau règne. Le faire connaître à la génération française actuelle, tout en exprimant les plus humbles hommages, les vœux de bonheur les plus fervents de ses fidèles sujets, hôtes de la France, devient donc aujourd'hui un devoir impérieux. Nous l'accomplissons, quoique sentant parfaitement notre insuffisance, avec d'autant plus de plaisir, que nous y découvrons une occasion nouvelle pour dissiper les malentendus que l'on a voulu faire naître entre deux états, au fond créés pour se comprendre, dont les intérêts véritables ne se heurtent jamais nulle part.

Agissant ainsi, nous croyons complaire à Celui à qui les pages suivantes sont consacrées. Son caractère chevaleresque, l'élévation de ses sentiments, ses tendances vers le progrès, doivent lui rendre chère la France, cette patrie de ses aïeux, des Jeanne d'Arc et des Saint Vincent de Paul, ce berceau de toutes les libertés civilisatrices.

Que Dieu Le protège pendant de longues années pour la gloire et la prospérité de ses peuples reconnaissants !

Paris, Juin 1888.

I

SITUATION DE LA MONARCHIE A L'AVÈNEMENT DE FRANÇOIS-JOSEPH.

Ayant été plus d'une fois témoin du désarroi que le récit ou la lecture des affaires embrouillées de la monarchie Austro-Hongroise occasionnent chez les hommes politiques français, nous avons cru que l'on ne devait pas l'attribuer à l'ignorance seule, bien pardonnable du reste, puisque les événements de leur pays leur donnent toujours assez de fil à retordre pour y user toute leur attention. On pourrait en trouver la raison dans l'absence de renseignements sérieux, plutôt, qu'il leur serait bien difficile de se procurer, leur recueil exigeant la connaissance de trois ou quatre langues différentes, au moins, telles que l'allemand, le hongrois, le roumain, le tchèque. Qu'il nous soit donc permis, sans vouloir remonter dans la nuit des temps, de donner tout d'abord quelques éclaircissements historiques et politiques sur l'Autriche-Hongrie, dont les rênes pesantes devaient si inopinément tomber dans les mains inexpérimentées d'un jeune homme de dix-huit ans, au moment même où le char de l'état, à deux doigts de l'abime, se réduisait en miettes sous les coups multipliés de la Révolution triomphante.

Cette analyse nous servira également d'explication quand, de temps en temps, nous serons obligé de soulever le voile d'oubli dont le génie de François Déak a couvert les hideux épisodes de la guerre civile de 1848.

A

Aperçu historique.

On sait généralement que l'homogénéité actuelle de la France ne date que de deux ou trois siècles. Son territoire contenait plusieurs royaumes, duchés ou comtats, dont le souvenir est encore très vivace, sinon dans les dénominations officielles, au moins dans le langage courant. Ces différents états possédaient non seulement des gouvernements complets, distincts les uns des autres, mais des langues, des lois, des mœurs particulières. Maintenant supposons un instant que ces particularités aient subsisté après l'unification du pouvoir, comme c'était le cas au commencement, et nous obtenons l'image fidèle de l'Autriche-Hongrie.

On peut tirer de cette comparaison les conclusions suivantes : 1° que les conditions vitales de la monarchie austro-hongroise sont, en somme, moins extraordinaires qu'on ne veut le faire croire ; 2° que c'est justement l'exemple de la France, qui a dû hanter les souvenirs de tous ceux par qui la centralisation a été introduite et expérimentée dans la monarchie austro-hongroise.

Son insuccès constant n'amoindrit en rien, aux yeux des hommes d'état, l'excellence du principe lui-même. S'il n'a jamais pu s'enraciner au bord du Danube, c'est que les parties intégrantes de l'Autriche-Hongrie n'ont pas été toutes dans les mêmes conditions de dépendance vis-à-vis du souverain, qui, de son côté, n'a pas eu les mêmes obligations internationales à remplir pour chacun de ses états.

Relativement à ceux-ci, voilà ce qu'il importe de savoir.

C'est l'archiduché d'Autriche qui forme le noyau de la puissance des Habsbourgs. Il fut donné en fief — avec la Styrie, la Carniole et la Marche vinde — par l'empereur Rodolphe à ses fils, Albert et Rodolphe, après l'extinction de la famille de Babenberg et après la défaite et la mort d'Ottokar, roi de Bohême, son rival (1282).

Il est à remarquer que l'acte de cette donation ne spécifie rien quant à la part de chacun des fils. Dans la pensée de Rodolphe, ils devaient posséder par indivis. Et en effet la bonne harmonie fut telle parmi ses descendants, qu'il n'y eut pas de partage entre eux avant 1379. Alors ils se divisèrent en Habsbourgs d'Autriche et en Habsbourgs de Styrie.

Leur patrimoine s'accrut beaucoup pendant ce temps-là. Albert le Boiteux y ajouta la Carinthie, Rodolphe le Fondateur, le Tyrol. Par contre, ils ne purent jamais obtenir pour leurs possessions l'électorat.

Cependant la branche de Styrie ayant supporté une nouvelle division, l'affaiblissement inévitable des Habsbourgs ne se fit pas longtemps attendre. La perte de la bataille de Sempach contre les Suisses en fut le premier résultat. Plus tard ils faillirent perdre le Tyrol au Concile de Constance.

La conduite profondément politique d'Albert IV et d'Albert V d'Autriche les sauva tous finalement. Le premier, ami dévoué de Sigismond, empereur d'Allemagne et roi de Hongrie, devint d'abord le gouverneur de ce royaume pendant les absences du souverain et y obtint ensuite la promesse de lui succéder, dans le cas où Sigismond mourrait sans enfants. Son fils ne se contenta pas de si peu : fiancé à Elisabeth, fille unique de l'empereur, il fut agréé par les Hongrois comme héritier de la couronne de Saint-Etienne, à laquelle il devait réunir celle de Bohême après la mort de Venceslas, frère cadet de son beau-père, par qui il avait, déjà auparavant, été installé dans le fief du comté de Moravie (1423).

Mais ce n'était pas tout encore. Il fut élu empereur d'Allemagne également et put se vanter de la possession simultanée de trois trônes (1437).

Malheureusement la mort le surprit avant la naissance de son fils Ladislas ; il lui fut donc impossible de bien préparer son avènement dans les trois états.

Au commencement, les Hongrois lui opposèrent Vladislas, roi de Pologne, dont le nom devint si tristement célèbre à cause de la bataille de Varna, qu'il perdit contre les Turcs, depuis ce jour-là les maîtres incontestés de la presqu'île balkanique (1444).

Ayant atteint sa majorité, Ladislas aurait pu jouir de son héritage aussi bien en Hongrie qu'en Bohême, mais il mourut pendant les préparatifs de son mariage avec la fille de Charles VII, roi de France. Il était le dernier rejeton des Habsbourgs de la branche autrichienne.

Ce fut Frédéric III, qui remplaça Albert V sur le trône d'Allemagne. Il était l'aîné de la branche styrienne, et, après la mort de Ladislas posthume, il croyait avoir quelques droits à la Hongrie et à la Bohême. Mais, dans ces deux pays, on ne pensait nullement à lui. Les Hongrois élurent Mathias Corvin, le fils de Jean de Hunyad le Grand, capitaine, qui les gouverna si bien pendant la minorité de Ladislas. En Bohême on offrit la couronne à Georges Podiebrad.

Frédéric ne dut pas beaucoup regretter son double échec, car il eut à régler les affaires de sa famille, enrichie par les possessions héréditaires du défunt Ladislas et, à cause de cela même, plus divisée que jamais. Grâce à sa longévité, il put voir cesser les luttes intestines et parfois sanglantes qui en ont résulté, et léguer le patrimoine réuni de tous les Habsbourgs à son fils Maximilien, élu de son vivant roi de Rome, son successeur dans la dignité impériale.

Avec ce dernier nous entrons dans la période généralement connue de l'histoire. La figure originale de l'époux de Marie de Bourgogne, — de la fille de Charles le Téméraire, — du vainqueur de Guinegatte, est, sinon sympathique, au moins familière au lecteur français. Son aventure de chasse, où il passa une nuit entière suspendu au-dessus des précipices au Martinswand près d'Inspruck, fut très souvent racontée. On sait également, que par le mariage de son fils Philippe avec l'infante Jeanne — plus tard Jeanne la Folle, — il ouvrit aux Habsbourgs le chemin par lequel ils ont su si rapidement arriver au trône espagnol.

Mais, quoique moins retentissantes, ce sont ses négociations avec la Hongrie qui méritent, au point de vue des vrais intérêts de sa famille, le plus d'attention.

Vladislas II, roi de Hongrie et de Bohême, le mari d'Anne de Candale, parente de Louis XII, dont le règne funeste a vite fait effacer les traces glorieuses de cette grandeur réelle à laquelle Mathias Corvin a pu atteindre, était bien convaincu que la Hongrie ne serait pas en mesure de supporter seule la prochaine attaque inévitable des Turcs. D'un autre côté il ne pouvait compter sur une aide sérieuse et efficace que de la part de Maximilien. On s'imagine donc facilement qu'il dut accepter avec bonheur toutes les propositions que celui-ci lui soumit, et qui lui faisaient entrevoir les secours tant désirés moyennant quelques concessions, au fond bien flatteuses. Il s'agissait de consentir au double mariage de Ferdinand Ier et de Marie, frère et sœur de Charles V, petits-enfants de Maximilien, avec les enfants de Vladislas, Anne et Louis II, sous la condition formelle que la Hongrie et la Bohême reviendraient aux Hasbourgs, si l'union de Louis II et de Marie restait stérile (1515).

En ne tenant compte que du fait concret de tous

ces mariages, on comprend aisément qu'il ait excité la verve satirique de quelque versificateur mécontent.

Bella gerant alii : tu, felix Austria, nube !
Que les autres fassent la guerre, toi, Autriche heureuse, épouse

La vérité est, au contraire, que ces épousailles ne furent que l'expression symbolique des alliances dans lesquelles les souverains et les nations eurent également foi.

Les années 1522 et 1526 sont des dates particulièrement mémorables pour les Habsbourgs : la première, à cause du pacte de Bruxelles, établissant leur séparation en branches autrichienne et espagnole avec les possessions correspondantes ; la seconde, à cause de la mort de Louis II, tombé à Mohács en même temps que la fleur de la noblesse hongroise, n'ayant pas eu d'enfants, laissant ses couronnes à son beau-frère Ferdinand, selon le traité de Vienne, dont nous avons parlé plus haut. C'était la réalisation des rêves de Frédéric III se résumant dans sa fameuse devise cabalistique **AEIOU**, c'est-à-dire : *Austriæ est imperare orbi universo* (il appartient à l'Autriche de gouverner le monde entier) ; c'était la fondation de la monarchie austro-hongroise actuelle.

Inévitable par la suite de ces événements, utile à un groupe de pays, isolément trop faibles, cette dernière a gardé pendant plus de trois siècles son caractère primitif, et a facilement survécu à l'empire bien autrement puissant des Habsbourgs d'Espagne. Sa force et sa faiblesse provenaient de l'hétérogénéité des éléments dont elle a été constituée, car, absolutiste dans le patrimoine des Habsbourgs, constitutionnelle en Hongrie, elle semblait se trouver continuellement devant les deux chemins d'Hercule, choisissant tantôt l'un, tantôt l'autre, mais poussée par la fermentation intérieure, marchant, travaillant, se perfectionnant toujours.

Par suite de sa complexité, ses besoins de conservation et de développement ont été aussi très divers. Mêlée aux affaires d'Allemagne, à cause de ses provinces allemandes et bohêmes, en lutte presque perpétuelle avec les Turcs à cause de la Hongrie, défendant les droits personnels de ses souverains, elle était obligée de prendre part à toutes les guerres importantes dont l'Europe fut le théâtre jusqu'en 1815. Ajoutons à ces difficultés purement politiques, celles que l'apparition du protestantisme a soulevées, et les efforts avec lesquels les Habsbourgs — plus ou moins imbus des idées espagnoles — l'ont combattu, et nous comprendrons aisément les raisons de l'immobilité apparente de la monarchie, que ses détracteurs lui ont tant de fois reprochée.

Pour abréger, voici la simple nomenclature des événements survenus pendant cette période longue et assez sombre, se rattachant directement ou indirectement à ses destinées ultérieures ou les préparant de loin.

Les nombreuses possessions de Ferdinand Ier ne lui appartinrent très longtemps qu'en théorie. En Bohême il ne fut reconnu que comme roi élu; quant aux droits héréditaires de sa femme on n'en tint compte qu'au moment de la réfection des tables de la loi (Landtafel), détruites en 1541 dans le grand incendie de Prague. Il faut remarquer ici, que c'est cependant en se basant sur ses droits que Maximilien II et Rodolphe purent lui succéder sans élection; Mathias dut l'affronter encore tandis que Ferdinand II fut, déjà, simplement *agréé*. Depuis la bataille de la Montagne-Blanche (1620), perdue contre Tilly, par Frédéric V, que les États de Bohême avaient élu roi après le détrônement de Ferdinand Ier, au commencement de la guerre de trente ans, ce royaume est rangé virtuellement parmi les possessions héréditaires des Habsbourgs.

La position de Ferdinand Ier n'était pas brillante en Hongrie non plus, le parti national lui ayant opposé Jean de Szapolya, le protégé du sultan Soliman. Il dut y assister impuissant aux progrès rapides des Turcs, voir tomber Bude, la capitale, en leur pouvoir (1541), supporter la séparation de la Transylvanie.

Il faut avouer ici que la perte de cette vayvodie était, en vérité, un bonheur pour l'élément hongrois ; car, érigée en principauté indépendante, elle lui servait de refuge aussi bien contre les cruautés des pachas turcs, que contre les vexations des généraux impériaux. Parmi ses souverains élus il faut citer Etienne de Bathory, plus tard roi de Pologne, Georges de Rákóczy, l'aïeul de François, de l'allié de Louis XIV. Son indépendance dura jusqu'en 1691, mais, quoique reconnaissant de nouveau la souveraineté du roi de Hongrie, elle eut un gouvernement à part.

Les concessions que Ferdinand Ier et Maximilien II ont accordées au protestanisme étaient tellement favorables à sa propagation, qu'au commencement du

XIVe siècle, il ne restait en Hongrie, par exemple, que trois familles un peu marquantes à l'actif de la religion catholique. Aussi les mesures énergiques, dont Ferdinand II se servit pour le combattre, dûrent-elles paraître d'autant plus draconiennes. De là l'exaspération des uns, le courage ranimé des autres. Le contact journalier de ces deux sentiments impérieux ne manqua pas de faire naître, à l'occasion, des conflits, qui, accumulés pendant plusieurs lustres, aboutirent fatalement à une conflagration générale : à la guerre de trente ans.

Deux points sont à noter dans le traité de paix de Westphalie qui en est devenu la conclusion : que Ferdinand III y a séparé les affaires de l'empire de celles de ses pays héréditaires, en admettant le protestantisme dans l'un et en l'interdisant dans les seconds ; et qu'il y a souscrit à la cession des *possessions alsaciennes ayant appartenu aux Habsbourgs* en faveur de la France. C'était à la fois préparer la création d'un empire à part et jeter la pomme de discorde que l'on sait, sur les bords du Rhin.

L'acharnement avec lequel Léopold Ier fait combattre Louis XIV, prouve suffisamment que le roi-

Soleil a reconnu en lui un ennemi redoutable. Les plus purs rayons de gloire de l'empereur lui arrivent cependant de l'Est, où ses armées, sous la conduite de Charles de Lorraine et d'Eugène de Savoie, ont pu cueillir tant de lauriers. Signalons spécialement la défense et la délivrance de Vienne (1683), à laquelle le roi de Pologne Sobiesky contribua héroïquement, la reprise de Bude (1686), les victoires d'Eszek, de Zenta. Sous le coup de l'enthousiasme, que ces résultats inespérés provoquèrent chez les Hongrois, la diète de Pozsony déclara solennellement, qu'à l'avenir la couronne de St-Étienne appartiendrait à la famille des Habsbourgs. L'immigration des Serbes dans le Sud de la Hongrie eut lieu à ce moment-là.

Commencée du temps de Léopold Ier, la guerre de la succession d'Espagne, après avoir été conduite avec vigueur par Joseph Ier, fut avantageusement terminée par son frère Charles (VI comme empereur d'Allemagne, III comme roi de Hongrie et d'Espagne). Par les traités de Rastadt, de Bade (en Suisse) et de Londres (1720), ses droits sur les Pays-Bas, sur Naples et sur la Lombardie (le Milanais) furent triplement sanctionnés. Nous constatons à ce moment la plus grande extension de la monarchie Habsbourgeoise ; sa participation aux affaires d'Italie date de cette époque aussi.

Mais la préoccupation principale de Charles se rapportait à une autre question. En l'absence de tout héritier mâle, fils ou collatéral, il voulut faire passer ses couronnes sur la tête de l'aînée de ses trois filles. Déjà difficile à réaliser à l'intérieur, ce projet se heurtait, à l'extérieur, à des obstacle presque insurmontables, son défunt frère Joseph Ier ayant laissé deux filles, l'une mariée au duc héritier de Bavière, l'autre à celui de Saxe. Quoiqu'elles eussent signé, en se mariant, des actes de renonciation quant à leurs droits héréditaires, il était facile de prévoir que leurs maris les feraient prévaloir sous une autre forme quelconque.

Cependant, sur la proposition spontanée des états de la Croatie, — royaume associé à la Hongrie depuis 1102 (en même temps que la Dalmatie), et gouverné par un *ban* hongrois, — on put assez rapidement faire accepter par la diète hongroise la *sanction pragmatique* de ce changement dans l'ordre de succession.

Pour en assurer la reconnaissance par les puissances étrangères, Charles fut contraint à des sacrifices énormes, tels que son traité d'alliance avec la Russie contre la Turquie, qui lui valut la perte de la Serbie avec Belgrade ; tels que sa guerre contre la France et ses alliés à cause de l'élection en Pologne d'Auguste III de Saxe. En la terminant par la paix de Vienne (1738), il dut abandonner une partie du Milanais et accepter, ou faire accepter, par son gendre, François, duc de Lorraine, les combinaisons suivantes : Naples sera échangé contre les duchés de Parme et de Plaisance, tandis que la Toscane remplacera le patrimoine du mari de sa fille Marie-Thérèse, — d'abord échu en apanage à Stanislas Leczinsky, revenant ensuite, après la mort de ce dernier, définitivement à la France.

Si l'inanité de toutes ces précautions diplomatiques se démontra dès les premiers jours de l'avènement de Marie-Thérèse, l'attitude sincèrement loyale de ses sujets dut la dédommager de ses mécomptes et l'encourager à une résistance héroïque. Le cri mémorable des magnats hongrois : *Vitam et sanguinem pro rege nostro, Maria-Theresia* — « notre vie et notre sang pour notre roi, Marie-Thérèse » — était d'autant plus fait pour étonner le monde, que l'on aurait cru, au contraire, volontiers, à leur défection à cause de leurs revendications toujours renouvelées. La jeune souveraine ne put cependant échapper à des revers sensibles en face d'adversaires tels que Frédéric II de Prusse, Louis XV, et l'Espagne. Aussi se vit-elle forcée de consentir à la perte de presque toute la Silésie, fief de la Bohême, du comté de Glatz, de Parme et de Plaisance. Par contre, dans le premier partage de la Pologne, auquel elle s'opposa vivement jusqu'à la dernière minute, prévoyant la suprématie de la Russie, qui a dû en découler, — elle agrandit le nombre de ses états avec la Galicie, en sa qualité de roi de Hongrie, dont ce pays avait été jadis tributaire. Les négociations habiles de Thugart, son ambassadeur à Constantinople, lui rendirent possible l'acquisition de la Bukowine.

Un événement notable de son règne a été l'organisation des confins militaires dans le Sud de la Hongrie. Ils devaient servir de boulevard contre les retours offensifs des Turcs et dépendaient directement du conseil militaire siégeant à Vienne.

La couronne impériale d'Allemagne ne pouvant pas être portée par une femme, Marie-Thérèse ne devint impératrice qu'après l'élection de son mari. Dans les dernières années de sa vie, elle nomma son fils Joseph II co-régent (1767-1780), probablemen avec l'arrière-pensée d'en faire le continuateur de ses idées centralisatrices.

Elles furent acceptées par Joseph avec avidité ; seulement, tandis que, pour les réaliser, sa mère employa le charme irrésistible de son esprit supérieur, Josepn n'eut de foi que dans l'application rigoureuse des théories philosophiques et philantrophiques de l'époque. Ils sentirent tous deux que l'influence des Habsbourgs, diminuait à vue d'œil en Allemagne, et ils cherchèrent à la fortifier dans la monarchie, dont les richesses inépuisables, les beautés variées, l'avenir brillant, les séduisirent de plus en plus. Mais si la pensée était élevée, l'instinct de conservation, le sentiment national des peuples, avait pleinement droit de s'en méfier, de la combattre.

Certes, déjà le caractère noble, l'âme sensible, le cœur aimant de Joseph II, lui assurèrent des pages émues dans l'histoire ; néanmoins c'est, sans contredit, l'aveu public de ses torts, à la veille de sa mort, qui rendra son nom impérissable.

Son héritier, Léopold II, second fils de Marie-Thérèse, jusque-là grand-duc de Toscane, — Modène appartenait au troisième frère, à Ferdinand, par suite de son mariage avec une princesse d'Este, — ne cacha pas un seul instant ses penchants constitutionnels. Les sages conseils qu'il adressa toujours à son infortunée sœur, la reine Marie-Antoinette, le prouve d'une façon péremptoire.

Son règne ne dura malheureusement que deux ans, et ce furent les principes de Joseph II qui remontèrent sur le trône avec son fils François (II comme empereur d'Allemagne, I comme roi de Hongrie), grand admirateur de son oncle, et beau-père de Napoléon. À cause de celui-ci il ne put les appliquer qu'après 1815, les guerres de la République et de l'Empire ayant rempli la première partie tout entière de son long gouvernement.

Pendant les vingt-trois ans de cette période pleine de vicissitudes, il apposa sa signature sur plusieurs traités, qui changèrent non seulement l'étendue territoriale de la monarchie, mais la position internationale de la maison des Habsbourgs elle-même. A l'occasion du troisième partage de la Pologne (1795), il obtint pour sa part les palatinats de Cracovie, Lublin, Chelm et Sandomir ; dans la paix de Pozsony (en allemand Presbourg), on voulut compenser ses pertes énormes par le Salzbourg sécularisé et par

Berchtesgade. En vertu de ce traité, il fut obligé de renoncer à son titre et à ses droits d'Empereur d'Allemagne aussi, mais, en revanche, il devint Empereur d'Autriche (1805).

Grâce aux décisions réparatrices du congrès de Vienne, François I n'eut à supporter que pendant quelques années les spoliations successives dont il fut la victime. On lui restitua ses états héréditaires intégralement ; on reconnut sa souveraineté dans les pays nouvellement acquis, et il obtint même, par surcroît, la possession de Venise et de la Dalmatie en échange de la Belgique et des Vorland. Tel est l'héritage considérable qu'il put léguer en 1835 à son fils aîné, Ferdinand (I comme empereur d'Autriche, V comme roi de Hongrie), surnommé *le Débonnaire*, le prédécesseur et l'oncle de François-Joseph.

B

Aperçu politique.

Si l'on ne considère que les faits matériels, le règne de Ferdinand fut un des plus paisibles. L'Europe était tranquille, et les peuples semblaient se reposer des luttes gigantesques dont le commencement du siècle a été le témoin. On s'occupait de la création des chemins de fer, du développement de l'industrie, des conquêtes de la science, de littérature, de beaux-arts, de musique, et de tout, en un mot, ce qui intéresse le monde, quand les portes du temple de Janus sont pour longtemps fermées.

Et la vue de ce spectacle édifiant était d'autant plus agréable pour la cour de Vienne, qu'elle pouvait en revendiquer la paternité. En effet, le créateur de cet ordre nouveau des choses a été — au moins en apparence — Metternich, prince depuis la bataille de Leipsig, chancelier de l'empire d'Autriche depuis 1821. L'adresse extraordinaire avec laquelle il a su découper et répartir les dépouilles de Napoléon, lui a valu l'admiration sans borne de tous les souverains. Ils en firent un oracle, que l'on consulta dans les circonstances graves, et dont les réponses devinrent des arrêts définitifs.

Son système consistait dans la conception étroite et enfantine, mais facilement compréhensible et applicable, de la politique générale : que chacune des grandes puissances ait sa sphère d'action et qu'elles soient séparées les unes des autres par des petits états pour empêcher leur choc direct. Quant aux affaires de l'Allemagne et de l'Italie, leur règlement devait s'effectuer en commun par les souverains respectifs des deux pays, sous la présidence de l'Autriche.

Basées sur la légitimité la plus pure, ses combinaisons strictement diplomatiques ne tinrent compte ni des aspirations des peuples, ni même des vrais intérêts des gouvernements. Dans la question de l'indépendance hellénique elles lésèrent tous les deux. Ne voulant pas prêter son aide aux Grecs révoltés, par respect pour l'autorité, Metternich permit à la Russie de prendre en Orient le rôle de libératrice, d'étendre son influence sur les pays danubiens, sur la Serbie, de devenir en quelque sorte la protectrice de la Turquie à la suite du traité d'Unkiar-Skelessi.

Si, au moins, au prix de ce désintéressement, il avait pu gagner l'amitié sincère du tsar Nicolas ! Mais la co-possession de la Pologne retenait l'Autriche à jamais dans l'orbite de la sombre puissance de celui-ci, malgré l'attitude inquiétante et énigmatique qu'il gardait en face de la rivalité de plus en plus manifeste des Habsbourgs et des Hohenzollern.

Humilié par la conscience de cette vassalité, dont il avait déjà supporté le poids au congrès de Vienne, du temps d'Alexandre Ier, Metternich eut le verbe d'autant plus haut aux congrès de Troppau, de Leibach, de Vérone, ou à la diète de Francfort, au siège de la Confédération germanique. Là il avait à combattre contre les exigences toujours grandissantes de la Prusse, contre le carbonarisme, contre le Piémont, qu'il accusait de le soutenir, contre la curie romaine elle-même, de qui il avait sollicité vainement la cession de la Romagne.

Avoir tant de questions à mener de front, à résoudre à la fois, est assurément une preuve irrécusable de force et de grandeur. Mais alors quelle raison donner à la fin si piteuse, qui termina la carrière éblouissante du prince-chancelier, sinon celle faisant tomber dans un puits l'astrologue de la fable ? Car Metternich, absorbé par ses coups savants, serrant de près le jeu de ses adversaires, ne crut pas nécessaire de surveiller l'état psychologique des peuples soumis au sceptre de son maître bienveillant et doux. Cependant ils étaient enfiévrés, leur pouls battait avec précipitation depuis la venue réitérée du « Corse aux cheveux plats », en qui on reconnaîtra toujours à l'étranger — et non sans plaisir, — le représentant providentiel de la Révolution française.

On ne peut arguer qu'une circonstance atténuante pour l'excuse de Metternich : la confiance, qu'il a dû avoir dans le précepte perfide : *Divide et impera* — divise et règne, — dont l'application a déjà si souvent produit ses effets attendus dans une monarchie composite, comme a été celle des Habsbourgs. Elle était, cette fois-ci, particulièrement motivée par la multiplicité des courants libéraux, totalement différents les uns des autres aussi bien sous le rapport de leur direction qu'à cause de leur intensité et de leur impétuosité, et fatalement condamnés à se paralyser tôt ou tard.

Dans les pays héréditaires, où la densité, la richesse, la culture intellectuelle de la population est incontestablement plus grande, mieux partagée, plus générale, tous les vœux convergeaient vers la possession d'une constitution avec l'empereur à la tête. Favorisés au point de vue matériel, les Autrichiens allemands, les Tchèques, aspiraient avant tout à la liberté politique, mais sans savoir au juste quelle conduite tenir avec l'Allemagne, dont ils faisaient partie, et avec la Hongrie, à laquelle ils étaient liés dans la personne du souverain. Les plus idéalistes rêvèrent une Autriche unifiée, constitutionnelle, mais centralisée et germanique.

C'est dans un sens opposé qu'il faut chercher au contraire le but, vers lequel tendaient les efforts des Hongrois. Leur constitution vermoulue de 1222 était, malgré ses dispositions libérales, mais ne servant qu'à la noblesse, plutôt une entrave qu'un appui dans leur développement national. La rajeunir, l'élargir, devint donc une nécessité urgente pour l'avenir politique et économique du pays, réveillé depuis peu seulement de sa léthargie par les appels patriotiques du comte Etienne Széchenyi, renaissant graduellement sous le paternel gouvernement de l'archiduc-palatin Joseph, oncle de Ferdinand.

Quant aux Italiens du royaume lombardo-vénitien, ils étaient franchement séparatistes. L'idée fixe de secouer le joug allemand au prix d'une révolution, ou à l'aide d'une intervention étrangère, les obsédait jour et nuit, sans souci de ce qu'ils deviendraient après. Cependant leur annexion au Piémont leur paraissait le moyen le plus naturel.

L'accumulation de toutes ces matières explosibles était déjà, certainement, un danger, mais on aurait pu le conjurer peut-être, si des intrigues de palais ne l'eussent aggravé!

Croissant avec les années, la faiblesse de Ferdinand devint à la fin telle, que le conseil de famille dut se décider à lui demander son abdication. Seulement il restait à savoir en faveur de qui, car le souverain n'avait pas eu d'enfant, et son frère François-Charles était aussi maladif que lui, chuchotait-on à la cour. A vrai dire, cette assertion ne répondait pas complètement à la réalité, mais elle servait à éloigner du pouvoir la femme de François-Charles, Sophie de Bavière, dont le caractère entier et les facultés intellectuelles très remarquables ne pouvaient nullement convenir aux hommes d'état désireux de gouverner. Leur âge d'or, c'est le règne d'un vieillard impotent ou d'un jeune homme inexpérimenté. Ils attendirent donc avec impatience que François-Joseph, le fils aîné de François-Charles, fût majeur.

Ce calcul était parfait, mais on avait compté sans la Révolution de Février. A peine connue, celle-ci mit partout le feu aux poudres. Naturellement la qualité et la quantité en étaient variables, selon la maturité politique des différents peuples.

Ne visant que des abstractions : contrôle du budget, liberté de la presse, égalité religieuse et politique, le parti révolutionnaire des pays héréditaires resta complètement incompris des masses. Aussi voyons-nous que le mouvement insurrectionnel ne dépasse pas les barrières de Vienne, que les étudiants y jouent le rôle principal, que l'assemblée constituante, transférée à Kremsier, ne peut acquérir aucune autorité, que le siège et la prise de la capitale par le prince Windischgrätz laissent les provinces indifférentes. Et on trouve cette même froideur chez les populations de la Bohême après les troubles de Prague, tandis qu'en Galicie ce sont les paysans ruthènes eux-mêmes qui tiennent en échec les velléités révolutionnaires des propriétaires polonais.

Les « journées » de Vienne (13 mars, 15 mai et 6 octobre) eurent cependant un effet politique très considérable dans la démission et la fuite du prince de Metternich. Elles l'éloignèrent du pouvoir à un moment où sa vieille expérience aurait pu, assurément, sinon empêcher les catastrophes, au moins en atténuer la tragédie. Dans tous les cas, les espérances que son départ fit naître furent bien vite brisées par les actes incohérents de ses successeurs.

Il est présumable aussi que le jeune héritier ait gardé une impression fâcheuse des excès commis, à cause desquels la Cour fut forcée, à deux époques différentes, de quitter Vienne, et dont le souvenir irritant et pénible aura plus tard souvent arrêté les élans généreux du souverain mal conseillé.

La révolution de Milan et de Venise ne surprirent personne, les excitations des Manin, des Giusti, des Leopardi y ayant fait monter déjà depuis longtemps jusqu'au paroxysme l'amour de la liberté et la haine de l'Allemand. Elle eut néanmoins le côté particulièrement grave d'être soutenue ouvertement et directement par le roi de Sardaigne, Charles-Albert, et de trouver sa justification, sa consécration en quelque sorte, dans le soulèvement général de l'Italie.

La tournure des affaires avait eu d'abord un aspect beaucoup plus rassurant en Hongrie, parce que c'était le pays le mieux préparé pour accueillir, comprendre et appliquer les principes fécondants de la Révolution. On y était, dès 1825, — mais toujours sur le terrain de la légalité, — en pleine transformation ; les nouvelles de Paris ne devaient donc qu'en hâter le dénouement. Il consistait dans le but de remplacer les conditions surannées de l'existence nationale par l'organisation moderne d'un état civilisé, tout en conservant la dynastie des Habsbourgs, tout en maintenant avec leurs autres possessions la plus indissoluble union. Le 15 mars, jour où l'on proclama la liberté de la presse à Pesth, n'a été souillé par aucune violence. Quant à la diète, précisément assemblée à Pozsony, son premier soin fut, après avoir pris les décisions les plus libérales, d'envoyer une députation à Vienne auprès de Ferdinand, pour le rassurer, pour lui faire parvenir ses hommages renouvelés et obtenir de lui la sanction de la constitution remaniée.

Déjà considérables séparément, tous ces faits réunis durent produire à la cour un désarroi général, dégénéré bientôt en effarement, quand on y apprit que Berlin, Madrid, Naples, étaient également en révolution. Sous le coup des souvenirs encore assez récents de la mort de Louis XVI et de Marie-Antoinette, grand'tante de Ferdinand, n'ayant pour conseiller que la peur, les familiers du *Burg* impérial découvraient dans chaque incident les symptômes d'un cataclysme inévitable et prétendaient que, pour l'éloigner, étant en cas de légitime défense, il n'y avait pas lieu de se montrer difficile dans le choix des moyens. Recrutés parmi les membres les plus remuants de l'aristocratie réactionnaire et les représentants les plus ambitieux de la haute bureaucratie, leurs chefs ne s'estimèrent guère entre eux, et ne purent tomber d'accord sur la politique à suivre. Dans l'opinion des premiers c'était le retour à la féodalité, en autres termes, l'omnipotence de la noblesse, qui promettait le plus de chances pour sauver la dynastie, — la bourgeoisie et le peuple, selon eux, ne possédant pas assez l'instinct de la politique ; les seconds, au contraire, profondément imbus des idées de Joseph II, croyaient qu'une bonne administration uniforme devait suffire au bonheur de toutes les races diverses que la monarchie renferme dans son sein hospitalier. Pour les uns l'ennemi, c'était le progrès, la liberté, pour les autres l'indépendance nationale, la tradition historique.

En fait de secours extérieur, on ne pouvait compter sérieusement que sur celui de la Russie, car les autres puissances continentales avaient déjà assez à s'occuper chacune chez elle. A vrai dire cependant, personne ne se souciait à Vienne d'implorer l'aide du

Tsar, non seulement parce qu'on ne tenait nullement à augmenter son influence, dont on subissait le poids à cause des possessions polonaises communes (voir plus haut), mais parce qu'il eût été préférable de la réserver pour une meilleure occasion, quand, par exemple, il s'agirait de reconquérir l'hégémonie de l'Autriche en Allemagne. Devinant ce calcul, qui l'eût mis dans une fausse position vis-à-vis de ses parents de Prusse, l'empereur Nicolas fit offrir ses bons offices à Ferdinand dès le commencement des troubles. Il espérait probablement aussi que, l'occasion étant propice, on pourrait impunément propager dans la monarchie les idées panslavistes parmi les frères serbes, tchèques, les coréligionnaires roumains, et se préparer ainsi de nouveaux alliés.

En attendant, pour parer au plus pressé, la cour consentit à toutes les concessions: les pays héréditaires obtinrent une constitution (le 25 avril), le nouveau parlement de la Hongrie et de la Transylvanie réunies fut convoqué à Pesth et ouvert le 5 juillet par l'archiduc-palatin Etienne, fils de son prédécesseur, frère de S. M. la Reine des Belges actuelle, entouré d'un ministère hongrois spécial et responsable. Malheureusement les représentants de la Croatie n'y parurent pas, car, déjà travaillé par le panslavisme, ce pays refusa d'accepter les modifications nouvellement introduites dans la constitution, sous prétexte qu'elles lésaient les droits de nationalités. C'était l'objection des Serbes et des Roumains aussi, de sorte qu'à peine constitué, le gouvernement hongrois avait immédiatement ses Chouans à combattre.

Sachant la part qui revenait à la Russie dans cette complication, la cour ne la regardait que comme un expédient de moindre importance, comme un contre-poids pour neutraliser les exagérations des tribuns. Elle n'est devenue arme offensive dans ses mains que quand les Hongrois, entraînés par un mouvement irréfléchi de compassion généreuse, se crurent autorisés à se mêler aux affaires des pays héréditaires en voulant débloquer Vienne, qu'une armée impériale assiégeait.

Cette démonstration militaire avortée, ainsi que les assassinats des comtes Latour et Lamberg, l'exécution sommaire du comte Eugène Zichy, provoquèrent à la cour une explosion de colère d'autant plus grande, que l'on y était devenu plus rassuré au point de vue de la situation générale à la suite des journées de Juin. Après l'orage de la révolution, c'était le tour d'un ouragan réactionnaire à parcourir toute l'Europe, et à y attiser de rechef ce feu sinistre, qui sert à forger les chaînes des peuples.

Il eût été bien surprenant que les deux partis auliques déjà signalés ne saisissent pas ce moment pour faire triompher leurs théories. Les divergences d'opinions, provenant de la diversité de leur origine et de leur éducation, ne purent longtemps subsister au milieu des dangers croissants, et après avoir acquis la conviction qu'ils pouvaient très bien coexister, s'ils consentaient à fondre ensemble leur prestige aristocratique et leur savoir professoral, leur expérience de courtisans et d'employés. Etant admis en principe, ce compromis ne tarda pas à aboutir à la confection d'un plan de gouvernement dans lequel, à côté des traits généraux absolutistes, on put reconnaître les silhouettes, sinon des libertés politiques elles-mêmes, au moins celles de leurs conséquences judiciaires et administratives, agraires, industrielles ou commerciales.

Ce programme gouvernemental une fois arrêté, la coalition aristocratico-bureaucratique se croyait assez forte pour précipiter les événements. La cour fut transférée à Olmütz, à l'abri des coups de main, et le nouveau ministre-président, le prince Félix Schwarzenberg y annonça au conseil, dès le milieu de novembre, l'abdication de Ferdinand. Mais elle n'eut lieu officiellement que le 2 Décembre, à cause des préparatifs matériels, ou peut-être encore à cause de cette loi mystérieuse, qui veut qu'un souvenir heureux efface les souvenirs pénibles, que, dans la monarchie austro-hongroise, on oublie les deuils d'Austerlitz pour l'avènement de François-Joseph.

II

ENFANCE ET ADOLESCENCE DU SOUVERAIN

(1830-1848)

Né à Vienne le 18 août 1830, François-Joseph était le premier enfant de l'archiduc François-Charles et de l'archiduchesse Sophie. Comme il y avait peu d'espoir que son oncle Ferdinand, plus tard empereur d'Autriche et roi apostolique de Hongrie, devînt père de famille, on traita le nouveau-né, dès le commencement, en héritier plus ou moins direct de la couronne.

En attendant il devint l'adoration de son grand-père, l'empereur régnant François. On le lui amenait tous les jours, afin qu'il pût surveiller ses jeux, et, tout en jouant avec lui, former son intelligence. C'est ainsi qu'il lui apprit les éléments des exercices militaires et qu'il leur arriva, dans une de leurs promenades à Laxenbourg, le petit épisode suivant, vulgarisé par les gravures, d'après le tableau de Pierre Fendi.

Placée devant le château, qui, par parenthèse, mériterait d'être mieux connu à cause de sa belle architecture, la sentinelle se trouvait, un jour d'été, en plein soleil, et paraissait beaucoup souffrir de la chaleur croissante. En la regardant avec le soin que les enfants intelligents mettent à leurs actions, le petit archiduc s'en aperçoit aussitôt. Il en prévient son grand-père et il lui demande de l'argent pour pouvoir soulager le soldat, victime de sa consigne. L'empereur, très touché de cette sollicitude, lui donne immédiatement quelques pièces d'or que l'enfant veut transmettre lui-même à la sentinelle. Celle-ci le salue réglementairement en présentant les armes, mais refuse le cadeau, car il est défendu d'en recevoir étant militaire et encore plus en faction. Alors, pour tranquilliser sa conscience, François soulève son petit-fils jusqu'à la cartouchière et y fait déposer l'argent. « Maintenant il n'est plus pauvre » ! dit

François-Joseph en sautant par terre, tout content d'avoir fait un heureux.

Cependant ces années de liberté, d'insouciance, ne durèrent pas longtemps. Chez les Habsbourgs, on tient les enfants plus sévèrement que dans les familles en général. « Il ne faut pas les habituer à la chaleur et aux gâteries » disait Marie-Thérèse, et voici les lignes qu'écrivait Joseph II précisément à propos de l'éducation de l'empereur François : « Chacun de mes sujets peut répondre que son fils sera utile à l'Etat s'il est bien élevé, instruit ; sinon qu'au moins il ne lui nuira pas, car il n'aura ni emploi ni charge à remplir. Un archiduc, un héritier du trône, n'est pas dans le même cas ; comme il a l'obligation absolue d'occuper l'emploi le plus important, le gouvernement de l'Etat, il n'y a pas lieu de demander s'il est bien élevé ou instruit. Il *doit* l'être, car il deviendrait nuisible dans n'importe quelle branche de l'administration, qu'il ne connaîtrait pas assez bien, sur laquelle il n'aurait pas des principes arrêtés ».

C'est dans cet esprit que l'on dirige l'éducation des Habsbourgs, surtout celle de l'héritier de la couronne. Pour ne citer qu'un exemple, il apprend, en dehors des langues classiques, en dehors du français et de l'anglais, les principaux idiomes de la monarchie : le hongrois, l'italien et une ou deux langues slaves.

La naissance des frères puînés de François-Joseph, des archiducs Maximilien et Charles-Louis, ayant suivi de près la sienne, on pouvait les élever tous les trois presque ensemble. Ils s'aimèrent tendrement et ne donnèrent aucun ennui au personnel enseignant. Il faut néanmoins remarquer ici que François-Joseph, étant enfant, ne montait à cheval qu'avec répugnance, et que ses leçons d'équitation lui coûtaient très souvent beaucoup de larmes.

On confia la direction générale de leurs études au comte Henri Bombelles, désigné par l'opinion de toute la cour à ce poste de confiance, à cause de son caractère noble, de ses connaissances multiples, de son expérience éprouvée. Il avait sous ses ordres les précepteurs spéciaux des archiducs ; celui de François-Joseph était le comte Coronini, dont le fils François, ainsi que les enfants du comte Bombelles, formaient son entourage. Inutile d'ajouter que, plus tard, précepteurs et compagnons d'enfance furent largement récompensés de leurs peines et de leur affection par le souverain reconnaissant. Le comte Charles de

Bombelles a été même assez heureux pour pouvoir partager son attachement entre le père et le fils : il dirige aujourd'hui la maison de S. A. I. et R. l'archiduc Rodolphe, l'héritier de la couronne.

D'après les notes de ses professeurs, François-Joseph était, à cette époque-là, timide et reservé, mais ayant un esprit très ouvert et beaucoup de bonne volonté. Il suivait les cours avec attention, n'était jamais en retard, et s'appliquait sérieusement à bien comprendre et à bien retenir tous ses devoirs. Dans certains cas il fut même forcé de les amplifier, car un de ses professeurs d'histoire ne lui enseignait que les faits et les dates, lui laissant l'obligation de les expliquer, de les coordonner.

Si, vers sa treizième année, il commence à montrer un penchant particulier pour les sciences militaires, c'est qu'il devient alors l'élève du colonel de Hauslab, le plus brillant officier de la monarchie.

Cependant le système adopté par le nouvel instituteur n'avait rien de séduisant. Partant du principe qu'un futur chef doit connaître le service de tous ses subordonnés éventuels, il fit apprendre à François-Joseph le maniement de toutes les armes, et cela depuis le grade le plus infime, dans la tenue correspondante, parmi d'autres recrues. Mais François-Joseph était ravi ; car c'était un procédé logique, et son bon sens étonnant ne se contente que de celui-là.

Les partisans de la gymnastique nous sauront probablement gré, si nous n'omettons pas de constater ici que ces divers exercices, loin de le fatiguer, lui ont fait au contraire le plus grand bien, même au moral. Il perdit sa timidité au bout de très peu de temps ; quant à son aversion contre le cheval, elle cessa le jour où il dut se servir d'une simple monture de l'état au manège d'une caserne de Hulans. Depuis on le considère comme un de ces meilleurs cavaliers de l'Autriche-Hongrie.

Il y a assurément une grande différence entre le dressage de la remonte et le travail d'un sapeur du génie. Elle ne devait pas exister cependant pour François-Joseph. Le colonel de Hauslab lui ayant fait enseigner comment il fallait s'acquitter de l'un, n'hésita pas à le faire descendre dans une mine, creusée contre quelque forteresse imaginaire, et à le ranger, la pioche en main, parmi les sapeurs, qui y agrandissaient les galeries, y préparaient des trous pour recevoir la charge de poudre. Il dut remplir également le rôle de servant près d'une pièce de canon, quoique cette fonction ne soit jamais à l'abri d'un certain danger.

Et, à côté de ces connaissances pratiques, on ne négligea pas la théorie un seul instant. Des officiers supérieurs expliquaient au jeune archiduc la tactique et la stratégie, tandis qu'un spécialiste distingué lui démontrait la levée des plans. On sut l'intéresser à la chimie, à l'histoire naturelle, et à la technologie, en le faisant assister à des expériences, en lui faisant voir des collections, en le conduisant dans les usines. Il paraît que parmi celles-ci il s'intéressa notamment à une verrerie, dont la description détaillée lui valut beaucoup de compliments.

Mais ces études préférées durent faire place à de plus abstraites, à mesure que son avènement au trône devenait une certitude. Un souverain n'est pas seulement le chef suprême de ses armées ; il est aussi le premier magistrat dans ses Etats. Pour pouvoir en bien remplir l'office, François-Joseph se consacra, à seize ans, presque exclusivement à la jurisprudence. Les droits romain, civil, criminel et canonique lui furent expliqués tour à tour par les plus savants juristes de la monarchie, sous la direction du conseiller d'État Pilgram. L'enseignement de la logique et de la philosophie échut à l'abbé Rauscher, nommé plus tard cardinal-archevêque de Vienne. Quant aux secrets de la diplomatie et de la haute politique, ils lui furent révélés par le prince de Metternich lui-même, dans la société duquel il passait volontiers une couple d'heures tous les dimanches.

Se levant, hiver comme été, au petit jour, François-Joseph trouvait du temps pour s'occuper consciencieusement de toutes ses études, dont la longue liste nous ferait crier aujourd'hui au « surmenage intellectuel ». Si l'assimilation de tant de matières scientifiques, linguistiques et militaires ne lui a pas coûté la santé, il ne le doit qu'à sa prodigieuse mémoire. Grâce à elle, ses travaux ne le forcèrent jamais à des récapitulations fastidieuses, et il lui fut possible d'avancer toujours, à pas de géant.

En fait d'art il cultiva le dessin sous les aupices du peintre Pierre Geiger, et, ayant une main légère, un coup d'œil très juste, ses progrès y furent aussi rapides et aussi considérables que dans les sciences. On conserve religieusement quelques-unes de ses esquisses, faites d'après nature, lors de son premier voyage en Italie.

Son adresse de tireur lui valut un véritable triomphe dès sa onzième année. En prenant part au concours de tir à la cible organisé à Salzbourg en 1841, il mit une balle dans le noir, et on l'élut sur le champ, par acclamation, membre d'honneur de la corporation des chasseurs.

Ses débuts dans la vie publique se firent en Hongrie le 16 octobre 1847, jour où il dut représenter son oncle Ferdinand à l'installation de l'archiduc Etienne dans la préfecture de Pesth. Habillé en officier de hussards, d'une prestance superbe, il sut favorablement impressionner l'Assemblée du comitat rien que par son apparition. Quel ne fut donc pas l'enthousiasme après son discours bien tourné, prononcé en magyare sans le moindre accent, rappelant l'amour de la patrie, le passé glorieux du pays! Les vieillards pleuraient d'émotion, les jeunes gens étaient ivres de joie, et il fallut suspendre la séance pendant plusieurs minutes pour que le calme pût se rétablir et que l'on continuât la solennité. François-Joseph devint, depuis ce discours-là, l'idole de la nation, à tel point que Louis Kossuth lui-même en fit mention à la diète de Pozsony (le 3 mars 1848) en disant « que l'archiduc était un rejeton adoré des Habsbourgs, qu'il avait su gagner l'affection du peuple entier par ses paroles mémorables ». Ce jugement de l'orateur révolutionnaire a été souvent répété à Vienne au commencement des troubles, et n'a pas peu contribué à maintenir le nom de François-Joseph au dessus de toute allusion malsonnante, même aux époques les plus terribles.

Quand, vers la fin d'avril 1848, il fut décidé en haut lieu que la Cour quitterait Vienne pour se retirer à Inspruck, on permit au jeune archiduc de pousser plus en avant dans le Sud, jusqu'à l'armée d'Italie. Mais cette visite ne fut pas tout à fait du goût du commandant en chef, le maréchal Radetzky. Aussi adressa-t-il au nouvel arrivé l'allocution toute militaire suivante : « Altesse impériale, votre présence me crée beaucoup de difficultés ! S'il vous arrive un malheur, quelle responsabilité pour moi ! Si vous êtes pris, tous les avantages que l'armée aura pu obtenir s'annuleront du coup ! »

« Monsieur le Maréchal, répondit François-Joseph, il se peut qu'il ne soit pas opportun de m'envoyer ici. Mais comme j'y suis, l'honneur me défend de m'en retourner sans avoir essuyé le feu de l'ennemi ! »

Et en prononçant ces paroles, ses yeux se remplirent de larmes.

Il n'y avait rien à objecter contre une explication aussi simple et aussi chevaleresque. Il fut donc convenu que l'archiduc assisterait au prochain combat, qui eut lieu quelques jours plus tard (le 6 Mai, à Santa-Lucia). Voici les termes exacts du rapport que le maréchal Radetzky adressa après cette journée sanglante au ministre de la guerre. » J'ai été moi-même témoin oculaire de l'intrépidité dont l'archiduc a fait preuve, quand un boulet est venu s'abattre tout près de lui ».

Ayant gagné l'affection de tous ses compagnons d'armes par son attitude affable, mais s'étant convaincu que sa présence était vraiment une source de difficultés pour l'état-major, il reprit le chemin d'Inspruck et sut y renouer tranquillement le fil de ses études un instant interrompues. Il ne devait cependant pas échapper à sa sagacité qu'il était à la veille de quelques grands événements, car on opérait des changements considérables dans son entourage. Les fonctions des comtes Bombelles et Coronini furent supprimée et l'on nomma le comte Grünne son grand maître de cérémonie, et le comte Mensdorf-

Pouilly son chambellan. C'était le traiter en homme et préparer sa majorité.

Deux mois de séjour passés dans la capitale du Tyrol fournirent à François-Joseph maintes occasions pour satisfaire ses passions cynégétiques. En le voyant escalader leurs montagnes si pittoresques, y poursuivre avec une si infatigable ardeur le chamois, les braves habitants de cette belle province se sentaient instinctivement attirés vers l'archiduc, le vigoureux et adroit chasseur, en qui ils croyaient reconnaître avec bonheur la figure légendaire de son ancêtre, leur bien-aimé empereur Maximilien.

Comptant sur l'apaisement de la population viennoise et voulant se rapprocher de la Hongrie, maintenant principal objet de ses préoccupations, la Cour retourna au commencement d'août suivant à Schœnbrunn. C'était le 18 de ce mois-là que François-Joseph devait atteindre ses dix-huit ans, l'âge où les princes peuvent déjà être déclarés majeurs. Si l'on n'en profita pas immédiatement, ce fut à cause des Hongrois. On craignait qu'ils ne regardassent cet acte comme un indice de la prochaine abdication de Ferdinand, à laquelle ils n'eussent jamais consenti sans exiger de son successeur une nouvelle sanction pour leur constitution remaniée. Et c'était précisément cela que les conseillers de la couronne auraient voulu à toute force éviter, car, ayant prouvé que le régime constitutionnel pouvait facilement s'approprier aux exigences du progrès, aux besoins intellectuels et matériels des temps modernes, elle détruisait leur plus fort argument en faveur de l'absolutisme, dont ils désiraient, au contraire, faire goûter les bienfaits à toute la monarchie après l'avènement d'un souverain jeune, indépendant, formé à leur école.

Il faut avouer que les épisodes sinistres du 6 octobre les aidèrent singulièrement dans l'exécution de leur plan depuis longtemps préparé. Prise de terreur, la Cour s'enfuit le lendemain avec une telle précipitation que les jeunes archiducs se virent forcés de faire le trajet, de Vienne à Olmütz, sur des chevaux de relais, aux portières de la voiture de Ferdinand ou à celles de leurs parents.

Arrivé dans la forteresse morave, tristement célèbre à cause de ses prisonniers politiques, tout le monde est saisi du vertige de la réaction. L'avis raisonné des gens prévoyants, modérés, fidèles, ne peut y pénétrer, et l'on n'y écoute que les conseils intéressés et les propositions compromettantes de la Russie, ou les déclamations creuses des légitimistes cosmopolites.

François-Joseph, quoique très impressionné par la gravité de la situation, et instruit, sous le sceau du secret, de l'imminence de son avènement, resta assez maître de lui-même pour pouvoir tout cacher, aussi bien à ses frères qu'à son entourage, et imperturbablement continuer ses leçons de droit canonique jusqu'au 1er décembre. On attribua alors ce mutisme, cette impassibilité, à son respect de la consigne. Aujourd'hui, après avoir eu mille preuves palpables de la noblesse de son caractère, de l'élévation de ses sentiments, on peut hautement affirmer qu'il dut être fort irrésolu, et que des inquiétudes poignantes durent entrer pour une grande part dans sa perplexité.

Etait-il utile à la dynastie et à la monarchie d'agir comme on désirait agir? La dignité d'un souverain puissant permettait-elle de choisir un chemin aussi détourné pour monter sur le trône de ses pères? Etaient-ce là les conditions dans lesquelles ses rêves d'adolescent lui faisaient entrevoir ce jour suprême?

Ces doutes se dissipèrent cependant quand on lui persuada qu'en acceptant le gouvernement il allait remplir un grand devoir. Dans la bouche de ceux qui l'ont prononcé, ce mot n'a été probablement qu'un leurre pour captiver son âme généreuse ; mais François-Joseph l'a pris au sérieux, et en a fait le principal mobile de ses actions. Aussi en s'entendant appelé pour la première fois Majesté, s'écria-t-il avec une mâle résignation : *Et maintenant, ô ma jeunesse, adieu !*

III

LES PREMIÈRES ANNÉES DU RÈGNE

(1848-1859)

C'est le samedi, 2 décembre 1848, à 9 heures du matin, qu'eut lieu au palais archiépiscopal d'Olmütz la double cérémonie de l'abdication de Ferdinand et de la proclamation de François-Joseph I comme empereur d'Autriche. On y invita tous les personnages marquants de la cour, du clergé, de l'armée, de l'administration, mais sans indiquer le but de la réunion et sans les laisser entrer dans la salle du trône. Seuls les archiducs et les ministres y furent admis.

Là, après l'arrivée de Ferdinand et des archiducs François-Charles et François-Joseph, le prince

François-Joseph en 1848.

Schwarzenberg procéda à la lecture de trois documents : de l'acte dans lequel François-Joseph était déclaré majeur, de la renonciation de François-Charles, et de l'abdication de Ferdinand, ainsi conçue :

« Des raisons graves Nous ont fait prendre la détermination irrévocable de déposer la couronne impériale en faveur de Notre bien-aimé neveu, S. A. I. et R. Monseigneur l'archiduc François-Joseph, dont nous reconnaissons la majorité, après que Notre cher frère, S. A. I. et R. Monseigneur l'archiduc François-Charles, son Auguste père, a reconnu, de son côté, qu'il renonçait pour toujours, en faveur de son fils susdit, à tous ses droits garantis par les lois de Notre Maison et par celle de l'État. »

Après la lecture, tous les assistants, — les deux Empereurs exceptés, ayant signé au procès-verbal, rédigé par le baron Hubner, conseiller de légation, on vit François-Joseph se diriger avec beaucoup de respect vers son oncle, et mettre devant lui un genou à terre. Il aurait voulu parler, mais il lui était impossible de prononcer une seule parole à cause de sa profonde émotion. Ferdinand le bénit alors et, le soulevant dans ses bras, il lui dit avec sa bonhomie habituelle : « Que Dieu te protège ! Si tu es bon, il sera avec toi ! Je l'ai fait de bon cœur ! »

Le prince Schwarzenberg se chargea lui-même d'informer de cet événement historique d'abord les invités impatients, ensuite, le même jour, à deux heures de l'après-midi, le parlement autrichien, siégeant à Kremsier. Il y lut également le manifeste du jeune empereur, qu'il importe de connaître en entier :

« Reconnaissant par Notre propre conviction la nécessité et le prix des institutions libres et modernes, Nous Nous engageons avec confiance dans le chemin par lequel Nous devons être conduit à la transformation et au rajeunissement de toute la monarchie.

« Sur le terrain de la vraie liberté, sur la base de l'égalité de tous les peuples de l'Empire et de tous les citoyens devant la loi, ainsi que par la participation des représentants du peuple à la confection des lois, la patrie renaîtra dans sa vieille grandeur mais avec des forces rajeunies, comme un édifice inébranlable au milieu des tempêtes, comme une maison spacieuse pour les races aux langages divers, réunies sous le sceptre de Nos aïeux depuis des siècles.

« Fermement résolu à conserver intacts l'éclat de la couronne, et le territoire de la monarchie, mais tous prêt à partager Nos droits avec les représentants de nos peuples, Nous comptons qu'avec l'aide de Dieu, et d'accord avec les peuples, il sera possible de réunir dans un seul et grand état tous les pays et toutes les races de la monarchie.

« Nous subissons de lourdes épreuves ; l'ordre et la tranquillité ont été troublés dans plusieurs contrées de l'empire. Une partie de la monarchie est encore dévastée par la guerre civile. On a pris toutes les mesures pour rétablir partout l'autorité de la loi. La répression de la révolte et le retour de la paix intérieure sont les premières conditions de la réussite heureuse du grand œuvre constitutionnel.

« Nous comptons à cet égard avec confiance sur le concours complet et sincère de tous les peuples par leurs représentants.

« Nous comptons sur le bon sens des cultivateurs toujours dévoués, rentrés dans la jouissance complète de leurs droits de citoyens par les nouvelles dispositions légales se rapportant à la suppression de la servitude et à l'exonération du sol.

« Nous comptons sur Nos fidèles employés.

« Quant à Notre glorieuse armée, Nous sommes sûr de son courage, de son dévouement, de sa ténacité éprouvés. Elle sera pour Nous, comme pour Nos ancêtres, le principal appui du trône, pour le pays et pour les institutions libérales un boulevard infranchissable.

« Nous trouverons chaque occasion propice pour récompenser le mérite, qui ne connait pas la différence des conditions sociales.

« Peuples de l'Autriche ! Nous prenons possession des trônes de Nos pères dans un moment difficile. Nos devoirs sont grands, et grande est la responsabilité que la Providence Nous impose. Que la protection de Dieu Nous accompagne ! »

Une chose nous frappe tout de suite dans ce document mémorable, dont le libéralisme a dû paraître, il y a quarante ans, tout à fait extraordinaire, c'est qu'il est à la fois rempli d'un souffle généreux, faisant présager un règne à nul autre pareil, et d'un silence menaçant à l'adresse de la Hongrie ; c'est qu'il émane de l'enthousiasme généreux du souverain, mais après avoir traversé les alambics suspects des politiciens peu scrupuleux.

Ces derniers, quoique ne travaillant qu'en vue du pouvoir personnel qu'ils espéraient exploiter à leur profit, avaient tout intérêt à renchérir sur les sentiments loyalement libéraux de François-Joseph, car ils savaient pertinemment qu'à Kremsier on était enclin à en abuser. En effet le parlement ne tarda pas à aborder des discussions dangereuses sur la théorie du pouvoir et sur les conditions politiques de l'armée, fournissant ainsi des arguments sérieux contre le parlementarisme, et le discréditant complètement aux yeux de l'Empereur. Il en résulta la suppression de la Constitution accordée par Ferdinand, et l'octroi d'une nouvelle (le 4 mars 1849), dissolvant le parlement de Kremsier, et suspendue à son tour, le 1er janvier 1851, n'ayant jamais été mise en vigueur.

Et leur tactique n'était pas autre vis-à-vis de la Hongrie. En faisant bon marché de ses droits historiques, ils essayaient de l'exaspérer, de la forcer à sortir de la légalité, et, l'ayant vaincue, de la traiter en pays conquis.

Déjà condamnables à cause de leur conduite tortueuse dans les pays héréditaires, ces hommes d'état deviennent absolument criminels, si on les juge au point de vue de cette dernière combinaison. Car, ayant provoqué une conflagration, ils ont fait naître, entre François-Joseph et un de ses peuples les plus dévoués, un long et douloureux malentendu nuisible à tous deux, et, ce qui est plus encore, ils sont devenus directement ou indirectement les promoteurs de l'intervention russe, cette boîte de Pandore de la politique d'abord purement autrichienne et maintenant austro-hongroise.

Leur seule excuse est peut-être qu'ils croyaient pouvoir s'en passer.

Au moment où les négociations entre le prince Windischgrätz, représentant l'Empereur d'Autriche, et François Deák, représentant la constitution hongroise, furent rompues, parce que l'un ne voulait pas reconnaître la constitution et l'autre ne voulait rien savoir de l'abdication de Ferdinand, — décembre 1848 — chacun pouvait s'imaginer que la lutte ne serait ni longue ni douteuse. Les *Honvéd* — ces territoriaux de la Hongrie, — étaient peu nombreux et mal équipés, et, d'ailleurs, déjà occupés à combattre les Croates, les Serbes et les Roumains, jaloux du progrès de la nation hongroise. L'armée de Windischgrätz se composait, au contraire, de troupes nombreuses et aguerries, et pouvait facilement compter sur des renforts tirés de l'armée d'Italie, qu'un armistice conclu avec Charles-Albert avait rendue libre jusqu'au 20 mars 1849.

Mais le maréchal Radetzky et l'archiduc Albrecht eurent beau remporter les victoires de Mortara et Novare et infliger une paix humiliante à la Sardaigne, il leur fut impossible de détacher un seul de leurs régiments pour l'envoyer en Hongrie. La Vénétie était en pleine insurrection, et il fallait assiéger Venise elle-même.

D'un autre côté les Hongrois ne se battirent pas moins bien pour leurs droits, qu'ils ne se battent ordinairement pour leurs souverains. Oubliant l'inconstitutionnalité de sa prise d'armes, grisé par les succès de ses généraux, leur parlement proclama l'indépendance du pays (le 14 avril 1849 à Debreczin).

Deux raisons poussèrent la Russie à ce moment-là à offrir ses services au gouvernement autrichien : la crainte que les troubles ne gagnassent la Pologne, et le désir d'agrandir son prestige devant les peuples de l'Orient. Du reste la République française n'en faisait-elle pas autant pour le Pape, ou la Prusse pour le grand-duc de Bade? Ces exemples pesèrent assurément plus, dès les premières ouvertures, sur la détermination de l'Empereur, ennemi de l'intervention, que les dangers croissants.

Une aide intéressée et acceptée à contre-cœur ne pouvait créer de courants sympathiques ni entre les deux gouvernements, ni entre les deux armées. Aussi les trouvons-nous en contestations aigres-douces continuelles, qui deviennent à la fin de la campagne des reproches acrimonieux, dont le souvenir refroidira pour toujours les rapports des cabinets de Vienne et de Saint-Pétersbourg.

Il est vrai que l'attitude politique des Hongrois contribua beaucoup à ce résultat. C'est devant le prince Paskiewitch, général en chef russe, qu'ils déposèrent leurs armes, le rendant ainsi, en quelque sorte, garant de leur sécurité et maître de la situation. Enorgueilli par ce coup de théâtre inespéré, le Sabalkansky (le Franchisseur des Balkans) ne put s'empêcher d'écrire le même jour au tsar Nicolas cette phrase pompeuse mais imprudente : « La Hongrie gît aux pieds de Votre Majesté ! »

Le gouvernement impérial en eut un ressentiment profond, bien compréhensible et, n'ayant pas de moyens pour user de représailles, il le tourna entièrement contre la Hongrie. De là cet excès de sévérité, que l'on ne peut ni ne doit excuser, mais dont l'explication psychologique est cependant facile à donner.

Dans ce temps de troubles gouvernementaux et révolutionnaires il y eut des moments où l'Autriche impériale fut réduite à son armée :

« L'Autriche se trouve dans ton camp ;
« Nous n'en sommes que les ruines » !

disait le poète autrichien Grillparzer en s'adressant au maréchal Radetzky. Naturellement cette façon de penser peu dynastique et peu patriotique fut fort goûtée par les états-majors et les officiers supérieurs. Elle lui donnait une importance prépondérante, presque une légère teinte prétorienne, qui les flattait, qui les exaltait. Ils regardèrent donc la démarche de Gorgey (prononcez Gueurgueï) s'adressant non pas à eux, de qui son sort allait dépendre, mais aux Russes, qu'ils avaient été obligés de supporter, comme un outrage sanglant, calculé. Par là ils devinrent juges et parties, frappant sans pitié, sans réfléchir au nom de qui ils frappaient, sans se rappeler les enga-

5

gements contractés avec la Russie relativement à la mise en liberté des prisonniers de guerre.

Chose curieuse ! elle s'en émut, soit pour se donner des airs compatissants qu'elle a toujours négligés de montrer chez elle, soit pour continuer ses vexations, par lesquelles elle a voulu faire payer à l'Autriche son concours. De sorte qu'après le voyage du tsaréwitch, — le futur Alexandre II — venu à Vienne pour appuyer les réclamations pressantes de son père, auxquelles il n'avait pas été fait droit par le parti militaire, la brouille était déjà complète entre les deux alliés de la veille.

Il est nécessaire de remarquer ici que ce début du règne de François-Joseph, les apologistes l'escamotent toujours, tandis que les historiens pamphlétaires l'étalent avec force détails attristants. Ils ont tort incontestablement les uns et les autres. Car l'art de gouverner est l'art le plus difficile ; il ne s'apprend pas en une année. Mais si cependant on est génie ? Les biographies des grands hommes attestent que l'esprit humain ne peut faire face qu'à une certaine quantité de complications. Et combien y en a-t-il eu à l'avènement du jeune empereur ! N'en était-ce pas une, son avènement lui-même, dans les conditions où il a eu lieu? Ce récit rapide l'a peut-être suffisamment indiqué.

La majorité se décrète, la maturité s'acquiert. Depuis que François-Joseph l'a acquise, son gouvernement est devenu un gouvernement modèle, enviable pour la plupart des peuples du monde.

Il ne reste donc qu'à lui reprocher d'avoir mal placé sa confiance. Mais son entourage lui avait été imposé, et il avait été contraint de choisir parmi ceux que l'on avait soumis à bon escient à la perspicacité de ses dix-huit ans. S'étant mis en contact avec le plus grand nombre de ses sujets, il s'épargna plus tard, progressivement, les méprises de sa première inexpérience, qu'il a si chèrement payées. C'était à la fois subir sa peine et s'améliorer, mériter la compassion et l'estime de la postérité.

Par la capitulation de l'armée du parlement hongrois à Világos, et par la reddition de Venise, survenues dans l'espace de quelques jours (le 13 et 24 août), la guerre intestine étant terminée, le gouvernement ne tarda pas à s'occuper des transformations promises dans le message impérial. Et il serait de la dernière injustice de ne pas convenir qu'à ce point de vue-là on lui doit tous les éloges. En parcourant l'immense liste des améliorations accomplies pendant les premières années du règne de François-Joseph, on comprend aisément que le prince Schwarzenberg se soit exprimé de la façon suivante : L'intensité du travail de l'Empereur s'accroît en proportion de ses occupations, et embrasse tous les champs de la jurisprudence.

En proclamant l'égalité de tous devant la loi, il fallait abolir d'abord en Autriche la juridiction seigneuriale et créer une organisation judiciaire uniforme, pareille à celle de la France après la Révolution. On installa à Vienne une cour de cassation, dans les capitales des provinces des cours d'appel, dans les villes principales des tribunaux de première instance. Pour la procédure criminelle on admit la publicité des débats ; l'établissement du notariat date également de cette époque-là.

Les réformes administratives ne furent pas moins considérables. Tout en maintenant l'ancienne configuration des Etats, on les divisa, toujours sur le patron des départements français, en cercles, composés de plusieurs arrondissements. En Hongrie les comitats furent maintenus, mais, en revanche, on sépara de ce pays toutes les provinces appartenant à la couronne de St-Etienne : la Transylvanie, la Croatie, le Banat, Fiume sur l'Adriatique, les Confins militaires.

C'est à la fin de l'année 1849 que fut érigé le ministère de l'agriculture, du commerce et des travaux publics. On donna un nouvel essor à l'instruction publique en élargissant les cadres des universités, en ajoutant les écoles purement scientifiques à l'enseignement secondaire, en refondant les plans d'études des lycées (gymnases), en ouvrant les portes du Thérésianum (école de guerre) aux roturiers.

Pour célébrer le premier anniversaire de son avènement, le jeune empereur institua l'ordre de François-Joseph. Il l'a destiné à honorer, sans distinction de condition, tous ceux « qui, par un attachement inébranlable et actif envers l'Empereur et la patrie en temps de paix ou en temps de guerre, par des services exceptionnels rendus au bien public, par des inventions, découvertes ou améliorations réellement utiles, par le développement, par l'extension de l'agriculture, de l'industrie nationale et du commerce, se sont signalés ou ont acquis le droit d'être publiquement remerciés à cause de leurs œuvres artistiques ou littéraires, à cause de leur dévouement pour l'humanité affligée. »

Parler ainsi dans un pays essentiellement aristocratique, où la noblesse, l'armée, le clergé ou la magistrature seuls pouvaient prétendre aux décorations, qui du reste annoblissaient, — c'était presque dépasser son époque. Les tendances égalitaires de l'Empereur ne froissèrent cependant que les provinces qui, ayant combattu la Hongrie, crurent avoir droit à ses faveurs spéciales. Elles se plaignaient aussi d'avoir les mêmes charges à supporter que les Hongrois.

Le manifeste impérial du 1er janvier 1850 avait prévu la possibilité de la diminution des forces armées autrichiennes, mais on dut les maintenir sur le pied de guerre à cause des complications survenues en Allemagne. Il y eut des preuves irrécusables des agissements de la Prusse, désireuse de profiter de la défaite du parti révolutionnaire pour y affermir sa prépondérance. Pendant qu'elle opinait ostensiblement avec l'Autriche dans les questions du rétablissement de la Confédération germanique sur des bases anciennes, sous main elle cherchait à fonder une confédération séparée, nouvelle.

François-Joseph, ayant derrière lui les rois de Bavière et de Wurtemberg, aurait pu alors facilement écraser son ennemi déloyal. L'archiduc Albrecht et le maréchal Radetzky étaient prêts à entrer en campagne avec 150,000 hommes. Mais déjà il fallait compter avec le mauvais vouloir de la Russie. Tout en faisant reculer la Prusse, elle se prononça péremptoirement contre les idées agressives de l'Autriche.

Il est difficile de décider s'il eût été préférable de ne pas céder aux conseils comminatoires du tsar Nicolas. Dans tous les cas, le prince Schwarzenberg ne dut s'en prendre qu'à lui-même, si, vu l'attitude farouche de la Hongrie ensanglantée, on ne crut pas opportun de relever le gant du colosse moscovite. En ce qui concerne la Prusse, elle était alors, beaucoup moins bien outillée que seize ans plus tard, et n'avait presque personne en Allemagne pour la soutenir.

Quoique très flatteuse pour l'amour-propre de l'Autriche, la convention d'Olmutz (le 29 novembre 1850), que le futur empereur Guillaume qualifia de second Iéna, n'offrit que des avantages platoniques ou négatifs en terminant le différend. La Prusse s'engageait, dit M. Edouard Simon dans sa remarquable

« Histoire du Prince de Bismarck, » à coopérer, avec l'Autriche et ses alliés, à réduire à l'obéissance les sujets rebelles de l'Electeur de Hesse, à forcer les Schlesvig-Holsteinois à se soumettre au roi de Danemark, enfin à délibérer, en conférence à Dresde, sur le règlement définitif des affaires fédérales. Le prince Schwarzenberg, tenant à triompher avec éclat, ne tarda pas à constater, dans un document diplomatique, que la Prusse avait cédé sur tous les points. C'était retourner le couteau dans la blessure sans donner le coup de grâce, c'était rendre implacable l'inimitié des Hohenzollern sans se prémunir contre les désastres futurs.

Nous inscrirons à l'actif de l'année 1850 la création d'une école de Beaux-Arts à Vienne. Les habitants nécessiteux de cette capitale reçurent de l'Empereur, à la même époque, une somme de 1,500,000 francs comme indemnité pour les dégâts que les troubles leur avaient causés pendant les journées d'Octobre 1848.

D'une nature très reconnaissante, François-Joseph ne laissa passer nulle occasion d'exprimer sa bienveillance envers l'armée. Le 2 avril 1851 il distribua solennellement, devant toute la garnison de Vienne, les décorations de l'ordre de Marie-Thérèse : 2 de grand-croix, 2 de commandeurs, 11 de chevaliers — qu'il conférait à ses officiers les plus méritants.

Maintenant, avec le calme renaissant, il pouvait songer à parcourir ses vastes Etats. Aussi, pendant les années 1851 et 1852, le trouve-t-on presque toujours en voyage. Le Vorarlberg, la Galicie, l'Italie, furent tour à tour visités et soigneusement étudiés malgré les fatigues énormes que ces déplacements pouvaient coûter alors, les chemins de fer étant encore très disséminés.

Mais c'était son voyage de Hongrie qui excitait le plus de curiosité. La crânerie avec laquelle François-Joseph l'a entrepris a beaucoup impressionné les Hongrois. Ils se sentaient involontairement attirés vers le jeune souverain, dont ils devinaient la magnanimité à travers son entourage et malgré leur deuil récent. Convaincu de la vérité du dicton que « les absents ont tort », il alla partout pour avoir raison de l'animosité qui pouvait régner à son égard. De sorte que les 11,000 kilomètres, franchis en 70 jours, le rapprochèrent singulièrement du cœur endolori de la nation hongroise. Une amnistie partielle, la suspension des cours martiales, la restitution de plusieurs fortunes confisquées, ont aussi chaudement témoigné en faveur de sa bonté naturelle.

Pour donner une vague idée de la tutelle ridicule sous laquelle la Hongrie était tenue à ce moment-là par la police autrichienne, nous citerons le détail authentique suivant. La défense de porter des armes était tellement rigoureuse, que l'on retirait même les lames des sabres de luxe, qui font partie du costume de gala hongrois. Elles étaient remplacées par des morceaux de bois pour retenir la poignée au fourreau. Les députations présentant leurs hommages à l'Empereur n'en avaient pas d'autres.

Concernant l'activité législative du gouvernement, il faut signaler à cette époque l'introduction générale du code civil et criminel autrichien, œuvres des plus éminents jurisconsultes de la monarchie, le règlement de l'exploitation minière et forestière, des lois sur la presse et les associations, sur les brevets d'invention, et la liberté de la navigation à vapeur.

Toutes ces dispositions judiciaires étaient des nouveautés pour les Hongrois. Quoique les trouvant excellentes, ils ne tenaient nullement à les appliquer, car elles n'émanaient pas de leur parlement. Le ministre de l'intérieur autrichien, le baron Bach, fut donc contraint d'employer des fonctionnaires non-hongrois, bientôt affublés du sobriquet de « Hussards de Bach » qui n'a pas peu contribué à leur déconsidération.

Voulant faire acte de bon voisinage, François-Joseph se rendit à Berlin vers la fin de l'année 1852. On espérait que cette rencontre servirait à cimenter une alliance durable. Elle fut renouvelée au mois d'avril suivant à Vienne, quand Frédéric-Guillaume y fit une courte apparition. Entre temps, on conclut un traité de commerce, et l'Autriche adhéra à l'union douanière allemande, inventée par la Prusse pour préparer sa revanche sur le terrain des intérêts matériels.

L'attentat commis contre la personne de l'Empereur (le 18 février 1853) n'eut heureusement pas de suites graves. C'était l'acte d'un exalté à moitié fou, dont l'arme régicide fut miraculeusement arrêtée par la boucle de la cravate d'ordonnance. « Tranquillisez-vous, dit François-Joseph lui-même, en voulant rassurer la foule accourue, ce n'est rien. Je partage seulement le sort de mes braves soldats », ajouta-t-il, faisant allusion aux nombreux meurtres que les Italiens commettaient dans les rangs de l'armée autrichienne.

La maladie de l'Empereur ne fut pas de longue durée. Le 12 mars suivant, il put déjà assister au *Te Deum* chanté à St-Etienne, la cathédrale de Vienne. Cet événement donna lieu à la fondation de 9 églises et de 482 œuvres de bienfaisance. Parmi les premières, rappelons l'*Eglise du vœu*, construite en style gothique sous les auspices de l'archiduc Maximilien, formant un des plus beaux attraits du *Ring*, les boulevards de la ville impériale.

Pendant l'été de cette année si mal commencée, deux nouvelles importantes effacèrent dans les populations de la monarchie le souvenir de ce méfait abominable. D'abord on apprit les fiançailles de l'Empereur avec une princesse en Bavière : elles eurent lieu à Ischl, le jour anniversaire de la naissance de François-Joseph. De joyeuses dépêches annoncèrent ensuite la découverte de l'endroit où la couronne de St-Etienne avait été cachée à O-Orsova par les membres du parlement hongrois avant de quitter le sol de la patrie. On la rapporta avec les insignes royaux en grande pompe à Bude, connaissant le respect religieux avec lequel les Hongrois entourent cet emblème vénérable de la royauté, donné par le pape Sylvestre II au premier souverain chrétien du pays (l'an 1000).

Les manœuvres, auxquelles l'Empereur assista au mois de Septembre dans les camps autour d'Olmutz, ne furent qu'un prétexte pour les visites du tsar Nicolas et du roi de Prusse. En réalité il s'agissait de la question orientale, d'un règlement de compte entre la Russie et l'Autriche.

D'après notre avis, ce fut le moment décisif dans la vie de François-Joseph. Car céder aux instances pressantes de son ancien allié équivalait à l'anéantissement plus ou moins retardé de la monarchie, à son absorption par le possesseur futur de Constantinople. Résister, au contraire, c'était paraître ingrat, s'exposer à la rancune de la cour de St-Pétersbourg, mais préparer un avenir glorieux à ses peuples. Au Nord on lui offrait une part dans les dépouilles de la Turquie, à l'Occident une place dans le conseil des nations libres et civilisées. L'Empereur, déjà mûri par cinq années de règne, n'écouta plus personne et repoussa amicalement les propositions séduisantes de Nicolas, sans quitter cependant l'attitude la plus bienveillante à son égard. Il fit faire même des remontrances à la Sublime Porte à propos du Monténegro et des habitants chrétiens de la Bosnie et de l'Herzégovine, et en obtint une indemnité de 2,500 piastres en faveur de ses sujets, créanciers de la Turquie.

Mais ces soucis politiques furent chez François-Joseph agréablement rélégués au second plan par les apprêts de son mariage.

Fille du prince Maximilien en Bavière et de la princesse Ludovica, tante maternelle de l'Empereur, la princesse avait à peine 16 ans accomplis, quand, en quittant Possenhofen, le 20 avril 1854, elle se dirigea vers les états de son cousin et futur époux. Arrivée à Vienne, où sa beauté incomparable et sa grâce exquise ont comme fasciné la cour et la population, il fut procédé au mariage dès le lendemain. 1 eut lieu le 24 avril, à 7 heures du soir, à l'église des Augustins. C'était une nouvelle occasion de donner libre cours aux sentiments généreux du souverain ; il fit distribuer 500.000 francs parmi les pauvres et ordonna la mise en liberté de beaucoup de prisonniers politiques.

Les joies de la famille ne se firent pas longtemps attendre. Dans l'espace de quatre ans trois enfants virent le jour : l'archiduchesse Sophie (le 5 mars 1855), l'archiduchesse Gisèle (le 12 juillet 1856) et enfin l'héritier de la couronne l'archiduc Rodolphe, né à Luxembourg le 21 août 1858.

Dans les intervalles, le grand bonheur de François-Joseph était de faire voir à l'Impératrice les beautés si variées de son empire. On commença la tournée, qui devint bientôt triomphale à la vue du jeune couple affable et radieux de félicité, par la visite de la Bohême (1854) : l'année suivante on la continua dans les pays alpins : la Styrie, la Carinthie, la Carniole, pour la terminer par Venise et à Milan (hiver de 1856-1857).

Ce fut le 11 mai 1857 que l'Impératrice Elisabeth traversa pour la première fois la frontière de la Hongrie. Son nom, rappelant celui d'une sainte hongroise, la circonstance que la femme de St-Etienne était aussi une princesse de Bavière, l'ont singulièrement prédisposée en faveur du peuple magyare. En se trouvant dans la capitale du pays, devant ce panorama unique, qui s'offre à la vue sur les balcons du château de Bude, elle prit intérieurement la ferme résolution de devenir la protectrice du royaume.

A ce moment même il n'y avait encore rien à faire.

Le ministère, maintenant entièrement bureaucratique, raffermi par le parti ultramontain à cause du Concordat, conclu dans des conditions très avantageuses pour la Curie romaine (le 18 août 1855), se croyait à l'abri de tout danger, et travaillait avec plus d'ardeur que jamais à la germanisation des nationalités et à l'unification de la monarchie. Aussi repoussa-t-il avec hauteur l'adresse, que 700 notables de la Hongrie, le cardinal prince-primat et le prince Esterhàzy en tête, avaient signée et dans laquelle quelques libertés administratives, quelques concessions municipales, la sauvegarde de la langue hongroise, avaient été demandées. Car déjà on approchait de l'époque où l'enseignement universitaire et secondaire se devait faire complètement en allemand dans la Hongrie.

Par contre il laissa libre cours aux prodigalités de l'Empereur, qui, cette fois-là, dépassèrent d'un coup 2.000.000 de francs.

Ce voyage ne put cependant pas porter tous les fruits que l'on en attendait de part et d'autre. Il fut brusquement et tristement interrompu par la mort subite de la jeune archiduchesse Sophie (le 29 mai 1857). Les parents affligés rentrèrent à Vienne, où l'Empereur dut bientôt oublier son deuil pour présider à la fête du centenaire de l'ordre militaire de Marie-Thérèse, institué en souvenir de la victoire de Kolin que le maréchal Daun remporta sur Frédéric II de Prusse (1757).

Mais une solennité pareille, quelque brillante qu'elle fût, ne pouvait autant éblouir les habitants de la capitale autrichienne que la lettre de François-Joseph adressée au ministre de l'intérieur le 20 décembre 1857. Il y exprimait son désir de voir disparaître le plus tôt possible les fortifications et les fossés qui entouraient la ville intérieure, pour qu'elle pût se développer et se mettre en communication de tous côtés avec les faubourgs. L'emplacement devait être divisé en lots, et le prix des terrains vendus créer un fonds, avec lequel on bâtirait des monuments, tels que musées, hôtel-de-ville, université. C'était ouvrir pour Vienne une ère nouvelle, qui en ferait une des plus belles villes du monde. L'Arsenal existait déjà cependant à cette époque, et les Viennois s'en enorgueillissaient avec raison. (Il a 688 mètres de long sur 481 mètres de large).

Avec l'amnistie générale accordée, lors de la naissance de l'archiduc Rodolphe, à tous les condamnés politiques, finit la première période du règne de François-Joseph. Il pouvait croire que les courants qui l'ont entraîné, en montant sur le trône, vers l'absolutisme éclairé, étaient ceux convenant le mieux à son empire polyglotte et hétérogène, puisqu'en s'y abandonnant il est devenu assez fort pour pouvoir être enfin clément sans restriction, selon les penchants véritables de son cœur. Mais la contre-épreuve restait à faire : un choc avec l'étranger. Elle arriva à moitié provoquée, à moitié inattendue d'abord, rigoureusement imposée ensuite, convaincant de plus en plus l'Empereur que le chemin, dans lequel on l'avait mis au commencement de son règne, conduisait aux sables de l'Evangile, sur lesquels il est impossible de bâtir.

Voici comment et par quels écueils il en revint.

IV

PERTES CRUELLES, PROFITS MAGNIFIQUES

(1859-1867)

« L'Autriche procura à l'Europe la paix, et on la gratifia de la guerre. » C'est ainsi que s'écrie Johannes Emmer dans son beau travail *. Et, en effet, le rôle que François-Joseph a joué pendant la guerre de Crimée fut celui d'un pacificateur désintéressé, rôle chevaleresque mais dangereux, car il attire généralement, les adversaires une fois raccommodés, le ressentiment de tous. Telle a été sa récompense en 1856 aussi.

* *Kaiser Franz-Joseph I.* Chez Ch. Prochaska, Vienne. Epuisé.

Comme nous l'avons vu plus haut, l'Autriche soutint au début les réclamations de la Russie en ce qu'elles avaient de fondé, désirant lui être agréable et espérant intimider et amener à composition le gouvernement du Sultan. Mais Abdul-Medjid avait déjà pour conseiller toute la diplomatie des puissances occidentales. Il se montra donc très courtois vis-à-vis de l'Autriche, il lui paya même une indemnité, séparant ainsi sa cause de celle du tsar Nicolas, et lui rendant impossible toute hostilité ultérieure.

Avec sa droiture naturelle, François-Joseph se tourna vers la Russie, la pressant de modérer ses exigences et d'accepter les propositions de la France et de l'Angleterre. Elles se résumaient dans les quatre points suivants : reconnaissance de l'intégrité de l'empire turc, suppression du protectorat russe dans les principautés danubiennes, navigation libre sur le Danube, et garantie de la liberté des chrétiens en Orient. Mais le tsar Nicolas resta inflexible, son orgueil ne pouvant rester sous le coup des défaites que les Turcs avaient infligées à ses armées à Kalafat, à Silistrie.

Ayant payé son tribut à la reconnaissance, l'Autriche n'avait plus qu'à suivre ses intérêts vitaux. Ils l'appelaient du côté des alliés. Si elle ne fit pas absolument cause commune avec eux, c'est que leur nombre s'était augmenté de la Sardaigne, son récent ennemi, qu'elle regardait comme l'instigateur secret des troubles se renouvelant périodiquement dans ses provinces italiennes. De là cette fluctuation constante dans la politique autrichienne, qui aboutit finalement à l'occupation militaire de la Moldo-Valachie (Septembre 1854).

Inventée par le ministère pour calmer l'impatience de l'armée, cette démonstration ne satisfit aucun des belligérants. Chacun d'eux crut qu'elle était dirigée contre lui. Il en résulta que, nonobstant ses bons offices, dont tout le monde a pu profiter, l'Autriche n'obtint aucun avantage au congrès de Paris (1856), et, par surcroît, s'y vit absolument isolée.

En s'apercevant de cet isolement, le comte de Cavour sentit ses espérances panitaliennes renaître de nouveau. Le royaume de son souverain devint plus que jamais le foyer des conspirations dirigées contre la domination autrichienne, de sorte qu'après le voyage du couple impérial en Italie, les relations diplomatiques furent un instant rompues entre Vienne et Turin. Si cette hostilité cérémonieuse ne dégénéra pas immédiatement en conflit armé, on ne le dut qu'au cabinet de St-James, dont l'intervention, quoique visiblement favorable à la Sardaigne, sut encore une fois apaiser le juste courroux de l'Empereur.

Mais la cause de Victor-Emmanuel se trouvait déjà dans la main d'un protecteur autrement puissant et actif, dans celle de Napoléon III, qui, en l'élevant à la hauteur d'une théorie philosophique, la théorie des nationalités, en avait fait une question d'intérêt général, contre la solution de laquelle il était difficile de lutter au nom des simples traités, péniblement élaborés par la diplomatie. Ayant l'opinion publique de son côté, comptant sur l'agrandissement de la France, Napoléon se crut d'autant plus autorisé à refouler l'influence de l'Autriche en Italie, que, par suite de son rapprochement avec la Russie, — survenu après la paix de Paris, — il put aisément se convaincre des dispositions haineuses de cette puissance à l'égard du gouvernement autrichien, dont les échecs ne devaient pas être enregistrés avec déplaisir au bord de la Néva.

Restait donc la Confédération germanique, tenue à défendre le territoire allemand. Mais les provinces italiennes de l'Autriche n'en faisaient pas partie, — ni la Hongrie non plus;— il aurait fallu, conséquemment, que les souverains confédérés considérassent l'attaque de la Lombardie bénévolement comme un *casus fœderis*,— éventualité que l'on avait droit de ne pas craindre non plus, vu les relations tendues des Habsbourgs et des Hohenzollerns.

Quant à l'élément révolutionnaire, il pouvait également servir d'atout dans le jeu d'un souverain issu du suffrage universel, et promettait d'augmenter d'une façon sérieuse les chances de réussite, autant sur le champ de bataille — au moyen des corps francs — que dans l'intérieur de l'empire, en immobilisant ses forces disponibles.

Telle était la situation de part et d'autre le 1er janvier 1859, au moment où Napoléon adressa sa fameuse apostrophe à l'ambassadeur d'Autriche pendant la réception du jour de l'an aux Tuileries. Si la guerre ne commença réellement que quatre mois plus tard, elle devint inévitable dès cette époque. Dans l'intervalle on échangea diverses propositions de congrès, de désarmement général, des projets sur le règlement définitif des affaires d'Italie, non pas pour éviter la collision, mais pour gagner du temps à la bien préparer.

Il faut souligner ici l'attitude belliqueuse des états allemands secondaires. Ils étaient tous, sans exception, en faveur d'une action contre la France, et faisaient les plus grands efforts auprès de la Prusse pour la décider à marcher avec l'Autriche. Mais elle n'avait nulle envie de venir en aide à sa rivale et se retranchait derrière l'idée que la paix ne serait pas troublée, et qu'au contraire elle le serait assurément, si la Prusse prenait parti dès maintenant contre la France. Elle devait aussi attendre ce que ferait la Russie.

Mais le véritable plan de Guillaume, alors encore prince-régent, était au fond tout autre. Comptant sur la défaite de l'Autriche, il pensait que la Prusse jouerait à un moment le rôle de médiateur en sa qualité de grande puissance, et prendrait sa revanche éclatante pour son humiliation d'Olmutz. Il n'était pas fâché non plus d'être agréable au ministère wigh en Angleterre, ennemi acharné de l'Autriche, prévoyant qu'un jour il pourrait avoir besoin peut-être de ses sympathies — voir les événements de 1870. Son refus devint à la fin ironique, en prétendant « que l'Autriche était trop puissante pour être obligée d'exiger le désarmement de la Sardaigne. »

Le cabinet de Vienne tint cependant avec obstination à l'idée d'une campagne sur le Rhin. A cet effet il conserva huit corps d'armée dans les régions allemandes et n'en envoya que quatre (avec les réserves six) en Italie, de façon qu'en traversant le Tessin (29 avril 1859), le comte François Gyulay n'avait sous ses ordres que 112,699 hommes, dont 6,068 cavaliers et 364 canons.

C'eût été encore une force suffisante pour attaquer avec succès l'armée sarde et les avant-gardes peu nombreuses de l'armée française. Mais le général en chef autrichien resta pendant trois semaines inactif à cause de l'incurie de l'intendance et par suite de l'animosité des populations, dont on ne pouvait tirer le moindre renseignement.

Immense fut l'avantage que cette conduite procura aux alliés. Protégés par les fortifications d'Alexandrie, ils purent tranquillement rassembler leurs armées et développer leur ligne d'opération. Aussi, au combat de Montebello, étaient-ils déjà en mesure de repousser la grande reconnaissance entreprise par Gyulay, et d'occuper, quelques jours plus tard, le pont de la Sesia à Palestro.

N'ayant pas de renforts à proximité, les Autrichiens se replièrent derrière le Tessin (2 juin), sans être beaucoup inquiétés. C'est seulement deux jours plus tard que les Français se frayèrent un passage à travers le pont de Buffalora pour pénétrer en Lombardie. Cette journée sanglante, dont la gloire revient entièrement au maréchal Mac-Mahon, ne découragea pas complètement Gyulay. Après la bataille, il se décide à reprendre l'offensive le lendemain matin; et c'est seulement dans la nuit, en apprenant que les deux corps d'armée, qui n'ont pas pris part à l'action, sont en pleine retraite sur Milan, qu'il se croit obligé de les imiter.

Les alliés ne pouvaient pas considérer l'occupation de la capitale lombarde comme définitive tant qu'il y avait des troupes autrichiennes dans son périmètre stratégique. De là l'attaque contre Melegnano, défendu par une simple brigade, car Gyulay avait dû prendre position derrière la Chiesa, et le gros de l'armée, sous les ordres de François-Joseph lui-même, se posta le long du Mincio. Il se trouva le soir du 23 juin en arrière de la ligne Pozzolengo-Solférino-Medole. Les dispositions prises pour le 24 étaient toutes excellentes et auraient pu avoir des résultats plus efficaces, si on les avait communiquées à temps aux chefs des corps d'armée. « A cause de ce retard, dit le rapport officiel de l'état-major autrichien, il se passa des heures entières avant que les divisions eussent pu prendre connaissance de leurs destinations, tandis que l'ennemi était déjà en force devant Medole à deux heures et demie du matin. »

Malgré l'issue défavorable de la bataille, l'Empereur pouvait avec orgueil exprimer sa satisfaction à son armée, dont le courage héroïque a si chèrement fait payer les avantages des Français, notamment à Rebecco, à Fontana. Sur l'extrême droite, sous les ordres de Benedek, elle a été même complètement victorieuse vis-à-vis des Sardes, en repoussant avec des pertes très sensibles leurs attaques les plus acharnées.

François-Joseph ne s'était nullement ménagé pendant cette journée décisive. Des hauteurs de Cavriana, au milieu d'un feu meurtrier, il suivit avec un sang-froid imperturbable les péripéties émouvantes de cette lutte grandiose. On raconte, que là, il adressa les paroles suivantes à un régiment dirigé vers les positions ennemies : « En avant, mes braves ! J'ai aussi femme et enfants à perdre ! »

Ayant rétrogradé jusqu'à Vérone, il comptait y

rassembler les renforts que l'archiduc Albrecht devait lui faire envoyer de Vienne, quand, à la suite de plusieurs démarches courtoises du quartier-général français, il dut se convaincre des dispositions pacifiques de Napoléon. Elles étaient inspirées par le désir de voir terminer la guerre avant que les éléments révolutionnaires ne fissent un plus sérieux ravage et qu'une grande puissance — la Prusse — ne pût se poser en médiatrice. François-Joseph fut très agréablement surpris, n'ayant pas moins de raison pour vouloir éviter ces résultats inévitables des hostilités prolongées.

L'entrevue des deux souverains à Villafranca simplifia singulièrement les difficultés d'une sincère réconciliation. D'après ce qui a pu transpirer de ce tête à tête mémorable, Napoléon y insista beaucoup pour la cession de la Lombardie et des places fortes de Mantoue et de Peschiera. François-Joseph refusa énergiquement les forteresses, et quand il ne put s'empêcher de faire voir sa douleur sur la perte de la Lombardie, les ouvertures suivantes lui furent faites par Napoléon : Il n'est pas dit qu'on ne puisse dédommager l'Autriche autre part. La chose serait très faisable par le démembrement de l'empire turc, ou par l'accroissement de l'influence autrichienne en Allemagne. La France n'exige rien pour elle-même en Turquie ; seulement, si les autres états s'agrandissaient, elle chercherait à les imiter, mais, cela, nulle part ailleurs que sur ses frontières. Des changements deviennent inévitables en Allemagne, et il est naturel qu'ils tournent au profit de l'Autriche, si elle reste unie à la France ; tandis que, si cette union n'a pas lieu, la France serait obligée de marcher avec la Prusse.

Les préliminaires de la paix furent signés le même jour (le 11 Juillet), et ne continrent que ces quelques dispositions : l'Autriche abandonne la Lombardie, les forteresses exceptées, à la France, qui la cède à son tour au roi de Sardaigne ; elle consent à la formation d'une Confédération italienne et en fait partie pour la Vénétie ; elle accorde amnistie plénière à tous ceux compromis dans les derniers événements. La ratification définitive du traité de paix n'eut lieu que le 10 Novembre 1859 à Zurich. Les dispositions qui ne concernaient pas l'Autriche n'en furent jamais exécutées : la Sardaigne annexa sans scrupules le grand duché de Toscane, les principautés de Parme et de Modène, quoique les droits de leurs souverains respectifs eussent été solennellement reconnus par elle.

Dans sa proclamation du 15 Juillet, adressée à ses peuples pour expliquer les raisons pour lesquelles il s'était cru obligé d'accepter une paix onéreuse, François-Joseph déclara déjà hautement, qu'il baserait désormais le bonheur de l'Autriche « sur le développement de ses forces inépuisables intellectuelles et matérielles, et sur les améliorations à introduire dans ses lois et dans son administration. »

C'était à la fois un reproche et une promesse, que le ministère et la monarchie ont également compris, le premier en donnant sa démission (un des ministres s'est même suicidé), la seconde en commençant à espérer dans un avenir meilleur. Si la transformation radicale de la forme du gouvernement ne s'est pas faite immédiatement, elle a été décidée dès ce jour-là dans l'esprit de l'Empereur, dont la nature foncièrement libérale a dû toujours se sentir entraînée vers le parlementarisme. A vrai dire, il serait très aisé de prouver que la lenteur de cette évolution était, en somme, profitable à ce dernier, en permettant l'arrivée d'une nouvelle génération prête à marcher en avant, et la disparition de l'ancienne, habituée à la servitude.

On doit considérer comme première phase de la métamorphose les lettres-patentes du 5 Mars 1860. Elles annoncèrent l'organisation d'un conseil de l'empire (Reichsrath) composé, en partie, de membres nommés par l'Empereur, en partie, de délégués des diètes provinciales. Pour commencer, c'est l'Empereur qui nommera tous les membres. Ils auront à s'occuper des budgets, des propositions, des diètes, de la Commission, instituée déjà en 1859, pour contrôler la dette publique, et enfin des travaux législatifs.

Par la convocation d'une pareille assemblée il fut créé un courant d'opinion irrésistible, auquel aucun de ses membres ne put se soustraire. Tous demandèrent des concessions nouvelles, les Hongrois, au nom de leurs droits historiques, les représentants des pays héréditaires, au nom du système constitutionnel. Dans son discours, prononcé à la clôture de la session (elle a duré du 1er Juillet au 28 Septembre), l'Empereur promit spontanément « qu'il allait prendre en sérieuse considération les avis émis, et qu'il prendrait une détermination au plus bref délai. »

En attendant, il sanctionna la loi sur la liberté commerciale et industrielle, supprimant les corporations, mais dont les bienfaits ne furent pas reconnus au commencement par les intéressés. La situation précaire des Israélites n'échappa pas non plus à sa sagacité ; il fit lever les dispositions vexatoires de l'ancienne législation concernant la liberté de leurs mariages, leur qualité de témoins, leur participation au commerce et à l'industrie. Les plaçant dans le ressort du ministère de la justice, François-Joseph s'occupa avec équité de la réforme des établissements pénitentiaires, en y faisant introduire le travail des détenus, pour les moraliser et pour alléger les frais de leur entretien.

Trois semaines étaient à peine écoulées depuis son allocution ci-dessus mentionnée, que l'Empereur tenait déjà à remplir ses engagements. Le 20 Octobre 1860 parut le rescrit annonçant que l'époque était passée, où la concentration du pouvoir paraissait être la nécessité principale et que, conséquemment, le souverain consentait dorénavant à partager ses pouvoirs législatifs avec les représentants de ses peuples. La représentation se composerait des diètes provinciales, ayant à résoudre les questions intérieures des provinces respectives et ayant à nommer des délégués pour le conseil de l'empire renforcé, où se traiteraient toutes les affaires financières de l'état. Quant à la Hongrie, elle recouvrerait son organisation d'avant 1848, avec la liberté d'employer la langue magyare dans l'administration et dans l'enseignement. Par suite de ces dispositions, les ministères de l'intérieur, des cultes et de l'instruction publique furent supprimés, mais on rétablit la chancellerie hongroise et le ministère de la guerre.

Contre toute attente, l'effet produit par la publication de ce rescrit ne répondit pas à l'espoir de l'Empereur. On ne le considéra que comme une étape — en Autriche — pour arriver au parlementarisme pur, — en Hongrie — pour retourner à la Constitution de 1848.

Il est nécessaire d'expliquer ici le pourquoi de cette obstination de la politique hongroise, que l'on a voulu accuser d'étroitesse pour la perdre dans les yeux du monde libéral.

Quoiqu'elle fût avantageuse aussi bien à son propre développement qu'à celui de la monarchie — comme on a pu s'en convaincre depuis, — on ne réclamait en Hongrie cependant cette constitution de 1848 que pour continuer la légalité. Car les hommes d'état hongrois, profitant des enseignements de l'histoire, considéraient que l'insuccès des réconciliations entre un souverain légitime et un peuple libre, provenait toujours de ce que l'un ou l'autre se croyait lésé dans ses droits par le marché, à la suite duquel on s'est réconcilié. Tel était le cas des Stuarts en Angleterre et des Bourbons en France.

Si, au contraire, on remontait jusqu'au point de départ de leur division, ne tenant compte de rien de ce qui est arrivé depuis, il devenait facile de s'entendre en reconnaissant de part et d'autre les premières erreurs commises. Et comme, dans l'espèce, c'était la constitution de 1848, qui formait le dernier acte légal issu du consentement mutuel de la couronne et de la nation hongroise, il fallait l'accepter pour base de transaction en faisant table rase de tous les événements postérieurs, de quelle gravité qu'ils fussent.

Pour donner une expression saisissante à cette déduction politique, les Hongrois étendirent par exemple cette table rase sur les personnes elles-mêmes ayant servi dans l'administration autrichienne. Quand, en reconstituant les comitats, on proposait dans les conseils généraux pour un emploi le nom d'une d'elles, les plus ardents répondirent invariablement :

« Il est mort », et, de fait, moralement, il était déjà enterré.

Le parti centraliste de la cour ne regretta pas beaucoup l'impopularité du rescrit d'Octobre. N'ayant pu arriver à ses fins par l'absolutisme, il pensait, qu'élevant autel contre autel, constitution contre constitution, il arriverait à faire accepter aux Hongrois l'idéal d'une monarchie unifiée. François-Joseph ne vit dans ses efforts que le côté libéral ; il consentit donc de grand cœur à la publication des lettres patentes du 26 Février 1861, inaugurant définitivement en Autriche l'ère du régime parlementaire.

Elles contenaient des lois fondamentales sur la représentation constitutionnelle de l'empire et sur la constitution des provinces. D'après les premières il fut décidé que le conseil de l'empire se composerait d'une Chambre des Seigneurs et d'une Chambre des représentants. La Chambre des Seigneurs aurait pour membres les archiducs, les prélats ayant rang et titre de prince, et les aînés des plus éminentes familles aristocratiques ; la couronne y ajouterait, comme membres à vie, les hommes les plus marquants de la monarchie. Dans la Chambre des représentants il y aurait 343 membres, 140 des pays hongrois et 203 des pays héréditaires. Les attributions du conseil de l'empire et des diètes provinciales resteraient les mêmes que du temps du rescrit d'Octobre. Ce seraient les diètes qui éliraient les députés avec un mandat pour 6 ans. Si une diète refusait d'envoyer des députés au conseil de l'empire, on pourrait prescrire des élections directes dans le pays.

Ces lettres patentes accordaient également, tant au conseil de l'empire qu'aux diètes, les droits de l'initiative parlementaire. Relativement à l'élection des représentants provinciaux, elles introduisirent dans les pays héréditaires le système des curies électorales correspondantes à la grande propriété foncière, aux communes urbaines et rurales, aux Chambres de commerce, tandis qu'en Hongrie — traitée également en province — ce fut le cardinal prince-primat Sczitovszky, qui dut élaborer avec l'aide de quelques hommes de confiance, une nouvelle loi transitoire. Il proposa simplement la loi électorale de 1848.

Que dans ces conditions-là on ait élu en Autriche une majorité centraliste et en Hongrie une chambre très avancée, personne ne s'en étonnera. Ce fut cette dernière que l'on ouvrit d'abord (le 1er mai). Car le chevalier de Schmerling, l'auteur des lettres patentes de février, croyait fermement que les Hongrois s'empresseraient d'entrer dans une assemblée où, vu leur nombre, ils seraient fatalement tôt ou tard les maîtres des destinées de tout l'empire.

Mais à Pesth on pensait tout autrement. Comme nous le disions plus haut, voulant faire œuvre durable, ne désirant que ce qui était dû, le parlement hongrois se voua exclusivement à la tâche de reconquérir la constitution de 1848. La scission qui se fit dans ses rangs ne se rapporta qu'à une question de forme : fallait-il envoyer une *adresse* à l'Empereur, dans laquelle on lui exposerait les vœux de la nation, ou simplement publier une *résolution* en attendant les propositions ultérieures du gouvernement ?

Avant que les débats ne s'engageassent sur ce point, il se passa alors un fait extraordinaire, devant la tragédie duquel il est impossible de ne pas penser à l'antique Rome, et dont l'influence latente a peut-être décidé de l'avenir de toute la monarchie. Nous voulons parler du suicide du comte Teleki, du chef désigné des *résolutionistes*. Il fut accompli le jour même où il aurait dû parler contre le projet d'adresse de François Deák.

Deux raisons l'ont poussé à cette extrémité : la crainte de commettre une félonie et la secrète conviction que son parti avait tort, car ayant été livré, comme condamné politique contumax, par la police saxonne, à l'Autriche *, il avait donné à François-Joseph lui-même sa parole qu'il n'entreprendrait plus rien contre lui — condition sous laquelle il avait été immédiatement mis en liberté — et quoique l'Empereur lui eût déjà fait rendre depuis, des lettres compromettantes, il allait cependant commencer une campagne parlementaire, pouvant aboutir à la révolution ! Et il avait compris que la Hongrie ne devait songer, au moins pendant un demi-siècle, qu'à

* Voici à ce sujet les éclaircissements du comte de Beust, alors ministre de Saxe : « J'avais fait inviter le comte à s'éloigner promptement de Dresde. Il ne tint aucun compte de ce conseil et fut arrêté. A cette époque les traités existants ne permettaient pas de faire autre chose que de le livrer ; mais cela ne fut fait que sous la promesse qu'il aurait la vie sauve. Pendant que les journaux anglais disaient qu'il était maltraité dans sa prison, Teleki habitait le logement d'un employé : on alla jusqu'à lui donner des fourrures pour son voyage. » (*Mémoires* II, 30. p.)

son développement pacifique, et qu'une nouvelle secousse l'épuiserait totalement !

Son sacrifice ne fut pas inutile. Impressionné par sa mort, Coloman de Tisza, le ministre-président actuel hongrois, et alors son successeur à la tête du parti, renonça noblement à la dangereuse gloire de battre François Deák avec quelques voix de majorité. On vota donc l'adresse, ce chef-d'œuvre de dialectique parlementaire, conservant ainsi pour toujours un terrain légal propice aux négociations futures. Elle contenait les points essentiels suivants :

La diète repousse toute idée de subordination ou d'immixtion étrangère en ce qui peut concerner l'administration et la législation hongroise. Elle ne consentira jamais, et sous aucune forme, à abandonner ses droits exclusifs de disposer du sang et de la fortune de la nation ; elle ne partagera ses droits législatifs qu'avec le roi de Hongrie ; elle ne participera ni au Conseil de l'empire ni à aucune autre assemblée semblable et ne reconnaîtra jamais à aucune le droit de s'occuper des affaires hongroises.

Espérant que, dans le courant des pourparlers, il se présenterait mainte occasion pour s'expliquer sur les relations des deux moitiés de la monarchie, Deák ne s'occupa que superficiellement du règlement des affaires communes, telles que l'armée, la représentation diplomatique. Par là il donna prise aux critiques du parti centraliste, qui, très courroucé déjà par l'abstention des Italiens, vit presque un acte de lèse-majesté dans les respectueuses explications du parlement hongrois. Le sage Kaiserfeld excepté, tous les orateurs du Conseil de l'empire parlèrent avec véhémence contre la Hongrie, tandis que le chevalier de Schmerling y ajouta avec emphase : « Nous pouvons attendre ! »

Après la dissolution de leur diète et la suspension de leur administration élue, il ne restait plus aux Hongrois aucun moyen pour se défendre. Alors, sur un mot d'ordre de François Deák, il se cantonnèrent dans cette *résistance passive*, dont on ne retrouve nulle part l'exemple dans l'histoire, refusant de payer les impôts directs, tirant des cordons sanitaires infranchissables autour de l'administration impériale. Leur union devint à ce moment tellement étroite, que, quand le gouvernement autrichien voulut restreindre l'autonomie de l'église protestante en Hongrie, ce fut le cardinal prince-primat qui éleva la voix en sa faveur auprès de l'Empereur.

En comparaison de leur situation antérieure dans les pays héréditaires, les protestants n'avaient cependant qu'à se louer des lettres patentes à eux accordées par l'Empereur. Ils obtenaient entière liberté dans l'exercice de leur culte, le droit de fonder des écoles et des sociétés de bienfaisance confessionnelles, en un mot, une autonomie qu'ils n'avaient jamais possédée auparavant.

Bien que les députés de la Transylvanie se rendissent à sa seconde session, le Conseil de l'empire prépara de nouvelles déceptions au ministère centraliste (1863). Cette fois ce fut le tour des Tchèques à imiter les Hongrois, en refusant d'y envoyer leur députation, en lui ôtant peu à peu tout son prestige. Mais cela ne l'empêcha pas de rester à la hauteur d'une grande assemblée, soucieuse du bien public, quand il s'agit de porter secours à la Basse-Hongrie en proie à une disette, qu'une sécheresse de plus de cent jours avait occasionnée.

Ne pas mettre la conduite humaine de l'Autriche en face de celle de la Prusse vis-à-vis de l'insurrection, qui éclata en Pologne pendant l'hiver de cette même année, serait un oubli injuste. On le remarqua avec amertume à St-Pétersbourg, et le nombre des griefs russes contre l'Autriche s'en accrut d'un nouveau.

Mais ce fut cependant d'un autre côté que l'orage se souleva.

L'étrange spectacle que la violente transformation de l'Italie offrit à François-Joseph après la conclusion de la paix de Zurich, dut amplement le convaincre de l'instabilité de son pouvoir en Vénétie malgré le quadrilatère. Pour ouvrir un nouveau champ d'activité à l'influence autrichienne, il pensa donc d'autant plus à la confédération germanique, qu'il pouvait prévoir avec certitude, que les succès étourdissants de Victor-Emmanuel et de Cavour troubleraient le sommeil de plus d'un souverain et homme d'Etat allemand. Il se décida conséquemment à prendre les devants et à se mettre à la tête d'un mouvement à la fois monarchique et national, dont le but serait d'infuser du sang nouveau à une institution ayant l'apparence caduque, mais en somme viable.

Naturellement, avec son caractère chevaleresque, l'Empereur ne voulut admettre aucun biais. Il invita sans ambages tous les souverains allemands à un congrès, pour y débattre, à ciel ouvert, les réformes inéluctables. « Car, selon son *memorandum*, le *statu quo* était tout simplement un chaos ; les gouvernements allemands ne se trouvaient plus dans la situation réglée par les traités les uns vis-à-vis des autres ; il ne vivaient ensemble que provisoirement, en pressentant une catastrophe, tandis que la révolution, préparée dans le silence, n'attendait que son heure.

Le congrès eut lieu à Francfort, (17 août 1863) ville où jadis, les empereurs d'Allemagne, la plupart ancêtres de François-Joseph, furent couronnés. Aussi Guillaume, déjà roi de Prusse depuis le 1er janvier 1861, — le seul qui ait refusé l'invitation — n'y vint-il pas, prétextant que les projets de l'Autriche n'avaient pas été discutés au préalable par le comité de la diète germanique.

Ces projets consistaient dans le maintien du principe fédératif, ayant comme pouvoir exécutif un Directoire, dont l'empereur d'Autriche serait le président, et auquel on adjoindrait une assemblée composée de délégués des divers parlements territoriaux. *

* *L'empereur Guillaume et son règne*, par Edouard Simon p. 77 et passim.

Le congrès des souverains, après dix jours de délibération, adopta le projet autrichien, et en donna, par lettre collective, connaissance au roi Guillaume en le priant d'en rendre l'exécution possible en y joignant l'adhésion de la Prusse. Le cabinet de Berlin, ainsi qu'on devait s'y attendre après ses déclarations antérieures, répondit par un refus catégorique qu'une circulaire de M. de Bismarck ne fit qu'accentuer.

La Prusse ne voulait pas prêter la main à des projets, dont le but était d'engager l'Allemagne dans des guerres au profit d'intérêts étrangers. Elle n'est pas seulement l'égale de l'Autriche, mais elle lui est supérieure par le nombre de ses sujets allemands, et, partant, elle ne saurait lui céder le privilège de la présidence fédérale.

L'accueil que François-Joseph reçut dans le Sud de l'Allemagne, à l'occasion de son voyage à Francfort, fut déjà très chaleureux. Que dire des ovations sans fin qui l'attendaient dans le Tyrol quelques semaines plus tard en allant à Inspruck pour y assister au cinqcentième anniversaire de la réunion de ce pays à l'Autriche? Attendri par les témoignages émouvants d'affection d'un peuple en délire, l'Empereur dit en partant au Chef-Tireur — car c'est la plus haute fonction dans un pays de chasseurs : « Je n'oublierai jamais cette journée. »

Sur ces entrefaites mourut subitement le roi de Danemark, Frédéric VII (le 15 novembre), ayant pour successeur, sous le nom de Christian IX, un prince de la branche Slesvig-Holstein-Glucksbourg.

Les relations de la Confédération germanique et du petit royaume scandinave étaient déjà alors tendues, car un ministère radical, pour mieux assurer l'intégrité des possessions danoises, avait introduit la même constitution dans toutes les parties de la monarchie, c'est-à-dire dans les duchés de Slesvig-Holstein également. Or, le Holstein faisait partie de la Confédération germanique, comme les pays héréditaires de l'Autriche ; on ne pouvait donc changer ses institutions sans l'assentiment de la Confédération. Dans le cas présent elle le refusa pour protéger la nationalité de ses congénères, et prit, même du vivant de Frédéric VII, toutes ses mesures pour procéder à une exécution. Ce dernier en appela au traité de Londres de 1852, garantissant l'intégrité de la monarchie danoise, que l'Autriche et la Prusse avaient signé, mais que la Confédération n'a jamais reconnu, quoique ces deux grandes puissances fussent ses principaux membres.

L'antagonisme entre les populations allemandes des duchés et le gouvernement danois fut encore aggravé par la question de succession. Le duc Frédéric d'Augustenbourg, s'appuyant sur des pactes anciens, prétendait succéder au trône des Duchés, et ses prétentions étaient soutenues par la Confédération, désireuse d'être agréable aux nationaux libéraux, maîtres de l'opinion publique dans les états secondaires de l'Allemagne. Mais l'appui qu'elle mettait à la disposition de son protégé ne pouvait avoir beaucoup d'efficacité, vu le mécontentement de l'Autriche à la suite du rejet de ses propositions aux conférences de Nuremberg, convoquées par cette grande puissance pour exécuter sans retard les projets de réformes, auxquels les souverains avaient adhéré à Francfort.

La confusion devint inextricable et favorisa singulièrement les visées de la Prusse. Devinant le dépit de sa rivale, elle s'en rapprocha obséquieusement en lui offrant un moyen sûr pour venger son affront : de s'emparer en commun de la direction et du règlement de la question des Duchés. Le comte de Rechberg, alors ministre des affaires étrangères en Autriche, ne craignit pas d'agréer cette proposition perfide, espérant partager ainsi l'honneur de la défense d'une cause populaire, et croyant, qu'associé au cabinet de Berlin, il serait mieux à même de surveiller sa conduite et d'entraver ses projets d'annexion, qu'il savait pertinemment être nourris à l'égard de Slesvig-Holstein.

Les pourparlers des deux grandes puissances aboutirent au protocole de Berlin, signé le 16 janvier 1864. Il y fut stipulé l'occupation militaire du Slesvig, effectuée en commun, et cette clause subtile que, si la guerre venait à éclater, l'Autriche et la Prusse régleraient, à elles deux seules, la situation future des Duchés et surtout la question de la succession.

Et le gouvernement danois eût pu encore conserver les deux provinces, même dans cette phase de la question : il suffisait de rapporter la loi étendant la constitution danoise sur les Duchés. Alors les deux alliés, ayant affirmé la validité du traité de Londres, auraient été obligés de ne pas sortir du concert européen. Mais le parti radical danois ne voulut écouter que son antagonisme de race, et se berçant de l'espoir que l'Angleterre, la France, la Russie, seraient du côté du Danemark en cas de conflit avec les deux grandes puissances allemandes, il se refusa à toute transaction.

Les opérations militaires commencèrent le 1er février, les armées austro-prussiennes ayant franchi l'Eider ce jour-là. Ce fut aux troupes autrichiennes, commandées par le général de division Gablenz, qu'échoua la partie la plus périlleuse de la campagne. Elles forcèrent la forte position du Danewerk : elles prirent, au prix de grands sacrifices, Jagel et Kœnigsberg. Ce furent des hussards hongrois, qui chargèrent à Oversee et traversèrent Flensbourg bride abattue. Grâce à leur courage on arriva vite sur la frontière du Jutland. A ce moment le cabinet de Vienne parut ébranlé. Il hésitait, en alléguant l'éventualité d'une intervention étrangère. Mais il ne pouvait convenir à M. de Bismarck de continuer la guerre pour le compte de la Prusse seule ; il fit donc envoyer par le roi le comte Manteuffel à Vienne. François-Joseph se laissa persuader par ses instances, et le 1er mars on signa un nouvel engagement pour la continuation de la guerre sur le territoire danois.

Le général Gablenz franchit le Kœnigsau le 8 mars, et battit l'ennemi au combat de Veile d'une façon si sérieuse qu'il put mettre le siège devant Friedericia, tandis que les Prussiens bombardaient les ouvrages de Duppel. Ils résistèrent jusqu'au 18 Avril ; Friedericia tomba huit jours plus tard dans les mains des Autrichiens. La rencontre de la flottille autrichienne avec l'escadre danoise à Heligoland mit pour la première fois en lumière le nom de Tegetthof, qui y jeta un éclatant jalon de sa future gloire.

Le 29 Juin les troupes austro-prussiennes opérèrent leur passage dans l'île d'Alsen, se rapprochant de la capitale danoise. Devant le danger imminent, Christian céda enfin, en renvoyant son ministère radical et en invoquant la clémence des vainqueurs. On signa les préliminaires le 1er août, et le 30 octobre à Vienne le traité de paix, par lequel l'Autriche et la Prusse devinrent co-possesseurs des Duchés de Slesvig-Holstein et de Lauenbourg.

Se basant sur les visites réitérées que lui firent le roi de Prusse et M. de Bismarck dans le courant de l'année, François-Joseph avait le droit de croire que les relations avec la Prusse deviendraient plus amicales. Mais, s'étant convaincu dans la guerre de Danemark de sa propre supériorité et, le fusil à aiguille aidant, de celle de l'organisation militaire prussienne, tout autre était le dessein du futur chancelier de fer. Il irait bien encore avec l'Autriche tant qu'il s'agirait d'annuler les droits du duc d'Augustenbourg, suscitant de nouveaux prétendants, l'accusant de fomenter une révolution. Le *condominium* ferait naître après fatalement de telles complications, qu'il serait impossible de le maintenir. Alors, comme les Duchés se trouvent à la proximité de la Prusse, ils tomberaient naturellement dans ses mains ; sinon ils serviraient de prétexte pour pouvoir attaquer l'Autriche au moment le plus propice.

Les difficultés, contre lesquelles le Conseil de l'empire eut à lutter, ne diminuèrent pas pendant ce temps-là. Le chevalier de Schmerling *attendait* toujours les Hongrois, qui ne venaient pas, et était complètement abandonné par les Slaves fédéralistes. La conduite de ses partisans centralistes ne le dédommagea pas de ses déboires, car ils devinrent de jour en jour plus impopulaires à cause de la stérilité de leurs travaux. L'opinion publique leur attribua également l'état financier très inquiétant de l'empire.

En un mot le découragement était général, quand parut tout à coup, le jour de Pâques 1865, symbolisant la Résurrection, le nouveau programme de

François Deák en forme d'article d'un journal hongrois (Pesti Napló). Il y donnait à entendre que son parti, tout en restant sur le terrain de la constitution de 1848, serait prêt à discuter sur les affaires qui pourraient être communes à la Hongrie et aux pays héréditaires.

Venant de la part du « sage de la patrie », cette déclaration rassura complétement l'Empereur sur les intentions des Hongrois. Ils trouvèrent en même temps dans l'Impératrice Elisabeth une protectrice puissante pour combattre les dernières insinuations du parti aristocratico-bureaucratique ou des centralistes. En apprenant leur langue, elle a semblé s'identifier à la cause magyare, qu'elle a sû si bien juger dès le commencement avec son instinct infaillible de femme supérieure.

Le voyage que François-Joseph fit à Pesth, à cette époque, rompit complètement la glace entre le souverain et la nation hongroise. Ayant déclaré à cette occasion qu'il avait « la ferme intention de satisfaire aux vœux des peuples de la couronne de Saint-Etienne » il provoqua un enthousiasme indescriptible, dont le contre-coup naturel fut la démission de Schmerling (le 16 août), et, quelques semaines plus tard, l'ajournement du Conseil de l'empire (le 20 septembre), tout à sa dévotion, jusqu'à l'arrangement définitif des questions en litige ave la Hongrie.

Leur solution fit un grand pas en avant à la diète convoquée pour le mois de Décembre 1865. François-Joseph l'ouvrit en personne par un discours du trône en langue magyare, dans lequel il reconnut la légalité de la constitution de 1848, mais où il insista particulièrement sur sa révision au point de vue des affaires communes aux deux moitiés de la monarchie. Pour pouvoir suivre de près les importantes discussions que la réponse de la Chambre Basse allait soulever, il séjourna avec l'Impératrice, pendant plusieurs semaines au château de Bude (février 1866).

François Deák, chargé d'exprimer les sentiments de ses collègues sur le discours de l'Empereur, ne se départit pas de son programme précité. Il demanda l'établissement du régime parlementaire avec un ministère hongrois responsable, le rétablissement de l'administration hongroise dans les comitats, et promit d'élaborer un projet de loi déterminant les futurs départements ministériels communs. Pour l'aider dans ce travail considérable, la diète lui adjoignit une commission de 67 membres, dont les délégués, au nombré de 15, ne terminèrent leur tâche que le 25 Juin. D'après ce projet, la Hongrie s'engageait à considérer comme *affaires communes* le ministère de la guerre et de la marine, celui des affaires étrangères, et le ministère des finances pourvoyant aux dépenses des deux précédents.

Mais, le lendemain même, on prorogea la Diète à cause des événements de la guerre austro-italo-prussienne.

Nous avons vu plus haut quelle était l'arrière-pensée de M. de Bismarck à l'égard des Duchés. Il ne tarda pas longtemps à la réaliser. Poussé dans ses retranchements sur ses intentions, il les fit connaître dans sa note du 22 Février 1865. Il y demandait une alliance « solide et indissoluble » avec le nouvel Etat du Slesvig-Holstein, sa fusion militaire et maritime avec l'armée et la marine de la Prusse, ainsi que son union postale et douanière. Cette proposition n'ayant pas eu de succès, le 17 avril suivant il recourut à l'idée de consulter, sur le parti à prendre, les états des deux Duchés eux-mêmes, réunis en une seule assemblée. N'ayant pas encore pu lasser la longanimité du gouvernement autrichien, il se mit alors à défendre les habitants danois du Slesvig contre la soi-disant tyrannie du duc d'Augustenbourg, battu en brèche, sur ses instigations, d'un autre côté, par le grand duc d'Oldenbourg.

Sans cesse en lutte avec des contrariétés semblables, le cabinet de Vienne en arriva vite à regretter sa lointaine conquête. Pour alléger son lourd fardeau il se décida enfin à replacer la question sur le terrain fédéral en invoquant les droits de la Confédération germanique, en soutenant le duc d'Augustenbourg, devenu plus que jamais le favori des souverains et des populations de l'Allemagne.

Ce changement de front de la politique autrichienne aurait pu être très avantageux, si on y eût persisté, car les états secondaires ne demandaient pas mieux que d'aller avec les Habsbourgs, dont ils avaient, pendant des siècles, suivi les bannières, tandis que la Prusse leur paraissait être toujours une grande puissance parvenue. Malheureusement pour elle, la diplomatie de l'Autriche ne sut pas assez exactement mesurer l'audace de M. de Bismarck et crut simplement que son ambition s'arrêterait à la possession des Duchés. Les rodomontades qu'il se permit de faire devant un ambassadeur français à Carlsbad, elle les expliqua dans ce sens-là. Aussi s'empressa-t-elle d'épargner les malheurs d'une grande guerre aux sujets de l'Empereur en essayant une dernière tentative de conciliation directe avec la Prusse. Elle eut lieu à Gastein et aboutit, après plus de quinze jours de négociations, à la signature d'une convention (le 14 août), établissant le partage du gouvernement des deux Duchés entre les deux puissances. A l'Autriche échouera le Holstein, à la Prusse le Slesvig ; quant au duché de Lauenbourg, l'Empereur céderait sa part au roi de Prusse, moyennant la somme de deux millions et demi de rigsdalers danois.

Pour obtenir cette solution, qu'elle crut être définitive, l'Autriche se sépara encore une fois de la Confédération. Elle pensait que sa tranquillité valait bien quelques sacrifices, et qu'avec le temps elle réussirait de nouveau à apaiser le ressentiment des états secondaires, qui, habitués à s'orienter d'après son attitude, se trouvaient tout à fait déroutés par ses dernières nombreuses tergiversations. Au fond ils en gardèrent une méfiance, par laquelle ils ont été quelques mois plus tard singulièrement paralysés au détriment de l'Autriche, dont la politique n'a pas été comprise par Napoléon III non plus.

Le comte de Bismarck avait donc beau jeu à lui persuader, pendant son dernier séjour à Biarritz, qu'en souscrivant à la convention de Gastein, l'Autriche ne s'était préoccupée que de sa liberté d'action pour pouvoir écraser l'Italie à la première occasion et que, par conséquent, le salut de l'Allemagne et de l'Italie exigeait son rejet vers l'Orient. De là il en vint à prouver facilement la nécessité d'une alliance offensive et défensive entre les deux pays, contractée sous les auspices de la France, qui ne manquerait pas de trouver à son tour des compensations, si l'équilibre territorial de l'Europe venait à changer.

Ne jugeant pas probablement son interlocuteur de taille à accomplir ses grands projets, se sentant, au contraire, maître de la situation, et entrevoyant la possibilité d'achever l'unité italienne sans recourir de nouveau au sang et à la bourse de la France, Napoléon donna carte blanche au ministre prussien qui se mit immédiatement à l'œuvre pour précipiter les événements.

Par rapport à l'alliance italo-prussienne, la plus grande difficulté provenait du roi Guillaume lui-même. Elevé dans les idées les plus féodales, ayant le respect de la grande patrie allemande, il lui répugnait de faire cause commune avec un gouvernement, issu d'une révolution, et de combattre une puissance allemande avec l'aide de l'étranger. Aussi la mission à Berlin du général italien Govone faillit-elle échouer, et ce ne fut qu'au bout de plusieurs semaines de pourparlers que l'on signa le traité d'alliance (le 8 avril 1866). Il devait expirer trois mois après sa signature, si la Prusse n'avait pas déclaré la guerre à l'Autriche dans ce laps de temps. Son existence était si habilement dissimulée que l'on n'en savait rien de positif à Vienne.

« Dès que l'empereur François-Joseph avait été informé de la conclusion du traité, — c'est-à-dire le 10 juin, — il s'était adressé à sa tante, la reine douairière de Prusse, pour recevoir la confirmation du fait. Cette princesse avait interrogé le roi Guillaume son beau-frère, — qui à la date du 8 Juin, — ainsi que le mandait la reine à son neveu impérial, — « lui avait donné sa parole qu'il n'avait pas signé de traité avec l'Italie ! » (*L'empereur Guillaume*, par E. Simon, déjà cité, p. 164 et passim).

Faire naître un prétexte valable pour déclarer la guerre était la seconde grande préoccupation du comte de Bismarck. Connaissant le caractère formaliste des Allemands, sachant qu'il était détesté par les nationaux libéraux, il avait besoin d'une raison qui fût à la fois plausible et populaire. Evidemment les difficultés inhérentes à la situation compliquée de l'Autriche et de la Prusse dans les Duchés ne pouvaient pas en fournir de suffisantes. Ses dépêches acrimonieuses du 20 et du 26 janvier 1866, les menaces du gouverneur prussien du Slesvig, furent victorieusement réfutées et repoussées par le cabinet de Vienne ou par le gouverneur autrichien du Holstein. Il se tourna alors vers la Confédération germanique et y fit présenter (le 9 avril) un projet de réforme fédérale, augmentant la prépondérance de la Prusse et proposant la réunion d'un parlement élu directement par le suffrage universel. Un autre, plus catégorique, suivit bientôt (le 10 juin) ce premier projet, d'après lequel l'Autriche ne devait plus faire partie de la Confédération.

Mais ce que le comte de Bismarck sut mieux exploiter encore, ce fut la question des armements. Ayant le pressentiment d'une attaque simultanée au Nord et au Sud, l'Autriche prit sur ses frontières des précautions militaires, purement défensives, dès le commencement du printemps. Quoique l'Italie et la Prusse en eussent fait tout autant, elles jetèrent les hauts cris et dénoncèrent, avec force documents à l'appui, les agissements coupables du gouvernement autrichien. Celui-ci eut alors une inspiration merveilleuse : il s'adressa le 4 mai à Napoléon III pour lui proposer, à condition que la France et l'Italie demeurassent neutres dans la prochaine guerre austro-prussienne, de céder la Vénétie à la France, qui la rétrocéderait sans condition à l'Italie, tandis que l'Autriche s'indemniserait au moyen de la Silésie prussienne. Malheureusement le cabinet de Florence, obéissant à des scrupules de probité politique extraordinaires, ne voulut pas accepter la proposition, se croyant lié par sa signature, et déclara que c'était pour lui une question d'honneur et de loyauté. N pouvant pas deviner que ce refus n'était que temporaire, qu'à l'expiration du traité de Berlin, c'est-à-dire le 8 juillet, il eût pu se changer en acceptation, l'Autriche le regarda comme une nouvelle preuve de l'inimitié systématique de l'Italie, et, partant de là, elle refusa l'invitation de Napoléon à un congrès, convoqué le 28 mai, précisément pour pouvoir arriver à la date susdite sans que les hostilités fussent ouvertes.

Si, en bonne justice, on ne peut imputer à faute de ne pas savoir un secret bien gardé, on le doit, par contre, quand il s'agit d'une inconséquence manifeste, comme le gouvernement autrichien en a commis une en déférant au dernier moment (le 1er juin) son litige avec la Prusse devant le tribunal de la Confédération. Une note fut envoyée immédiatement par le comte de Bismarck à tous les cabinets, rappelant que l'Autriche avait blessé les sentiments pacifiques de l'Europe en empêchant le congrès; qu'elle venait violer la convention de Gastein en portant la question des Duchés devant la Confédération; qu'il en concluait, chez l'Autriche, à l'intention de faire la guerre à tout prix, pendant que la Prusse était réduite à se défendre.

Cependant tout ceci ne constituait pas encore l'étincelle tant désirée pour mettre le feu aux poudres. On déclara alors à Berlin que l'Autriche, ayant rompu la convention de Gastein, il fallait rétablir le *statu quo ante*, la possession en commun, et qu'il était en conséquence urgent d'envoyer des troupes prussiennes dans le Holstein aussi. Elles y entrèrent en effet le 6 et le 7 juin, mais déjà les Autrichiens s'étaient retirés à Altona, qu'ils quittèrent également quelques jours après, évitant soigneusement toute collision.

Néanmoins, François-Joseph et son ministre des affaires étrangères, le comte de Mensdorff-Pouilly, exceptés, tout le monde était à la guerre à Vienne, car on comptait avec assurance sur le succès des armes autrichiennes. Du reste, cette opinion, Napoléon III la partageait aussi. Sous l'empire de cette supposition, il offrait la neutralité de la France, en échange de laquelle l'Autriche s'engageait à respecter le *statu quo ante* en Italie, à lui céder la Vénétie, et à s'abstenir de tout remaniement territorial sans l'assentiment de la France. Un traité s'y rapportant fut signé par les deux puissances le 12 juin.

Quant aux Etats secondaires de l'Allemagne, ils étaient en majorité du côté de l'Autriche, notamment les royaumes de Bavière, de Hanovre, de Wurtemberg. Pour la Saxe royale, elle s'était prononcée dès le commencement pour l'Empereur, attirant sur elle les menaces du comte de Bismarck, dont son premier ministre, M. de Beust, se pouvait considérer depuis longtemps comme le rival redouté. Mais, à vrai dire, tous ces alliés ne pesaient pas beaucoup dans la balance, moins par suite de leur faible organisation militaire qu'en raison de leur peu d'enthousiasme. D'après ce qui s'était passé à Gastein, ils ont toujours craint une entente *in extremis* de l'Autriche et de la Prusse, et ne se sont nullement souciés d'exciter la colère de l'une des deux grandes puissances par leur zèle intempestif.

Sûre de leur appui, l'Autriche protesta énergiquement, à la diète de Francfort, contre son éviction dans le Holstein, et proposa de mobiliser les corps d'armée fédéraux. Le 14 juin cette mobilisation était votée par les royaumes, la Hesse-Cassel, la Hesse-Darmstadt, le Nassau et quelques petits Etats. Le Luxembourg, les Saxes ducales, Mecklembourg, Oldenbourg et les villes libres se prononcèrent au contraire pour la Prusse, tandis que Bade s'abstint. Le vote étant proclamé, le ministre prussien déclara, séance tenante, que le pacte fédéral était déchiré, que le roi de Prusse regardait la Confédération comme ayant cessé d'exister, mais qu'il était prêt à en former une nouvelle sous sa présidence.

Les relations diplomatiques entre l'Autriche et la Prusse étant rompues depuis l'avant-veille, — jour où le comte Aloïs de Karolyi, ministre d'Autriche à Berlin, avait demandé ses passeports, — des déclarations de guerre furent publiées de part et d'autre.

Celle de l'Italie, faite le 20 juin, mérite une mention spéciale, car il n'y avait pas de motif qui eût pu la justifier selon le droit des gens. Elle reprochait à l'Autriche, sommairement, d'opprimer la Vénétie, de refuser de reconnaître le royaume d'Italie, d'avoir commencé les armements.

Ce manque de bonne foi ne pouvait rester longtemps impuni : l'archiduc Albrecht, le digne fils du vainqueur d'Aspern, qui s'était déjà si glorieusement mesuré avec les Italiens à Mortara et à Novare, les écrasa de nouveau. Ne tenant pas compte d'un corps d'armée, qui s'avançait contre lui du côté du Pô, il vola avec toutes ses forces — 60,000 hommes — au-devant de Victor-Emmanuel, ayant sous ses ordres le gros de l'armée italienne — 80,000 combattants. Après avoir traversé le Mincio le 23 juin, le roi d'Italie s'apprêtait à continuer son chemin vers l'Adige le 24, quand il se heurta tout à coup contre l'archiduc qu'il n'espérait rencontrer que derrière ce fleuve. L'armée autrichienne se trouvait sur les hauteurs de Somma-Campagna et de Custozza; sa cavalerie légère tenait la plaine, désorganisant, dès le commencement de l'action, toute une division italienne. A trois heures la victoire était déjà décidée par la prise du Monte-Vento, sur l'aile droite, et par les avantages que le général Rodich remportait au centre. Alors l'archiduc Albrecht se décida à lancer toutes ses réserves, sous le commandement du général de division Maroicitch, contre Custozza. L'infanterie autrichienne l'attaqua et l'enleva à la baïonnette, malgré le feu meurtrier de 30 canons, mettant l'ennemi en fuite désordonnée, achevant la défaite de toute l'armée italienne. Celle-ci laissa plus de mille prisonniers dans les mains de la cavalerie de la division Pulz, et se retira précipitamment vers Villafranca et Valeggio.

Mais cette journée glorieuse n'eut pas de lendemain. A cause de son traité avec la France, il avait été interdit à l'Autriche de poursuivre son ennemi au-delà du Mincio, tandis qu'au Nord elle n'eut à enregistrer que pertes sur pertes (le 26 juin, les batailles de Turnau et de Podol, le 27, celle de Nachod, le 28, encore deux : à Skalitz et à Trautenau, le 29, celle de Gitschin et finalement le désastre de Sadowa, le 3 juillet). Et ses alliés ne furent pas plus heureux : le roi de Hanovre, chassé de sa capitale, dès le 16 juin, par les mêmes troupes prussiennes auxquelles il avait accordé libre passage par ses états l'avant-veille, dut capituler, avec sa petite et vaillante armée, à Langensalza (le 29 juin) : on amena l'électeur de Hesse-Cassel, sous bonne escorte, à Stettin ; on battit les Bavarois à Schweinfurth ; on imposa une énorme rançon à la ville de Francfort.

Comprenant que, tant qu'il aurait à combattre des deux côtés à la fois, il succomberait infailliblement, François-Joseph s'adressa, dès le 4 juillet, à Napoléon pour lui demander sa médiation afin de pouvoir conclure la paix ; en même temps il lui céda, selon leur traité de neutralité, la Vénétie, que la France devait à son tour rétrocéder à l'Italie. Il récupéra, par cette habile manœuvre, la liberté d'action de son armée du Sud, dont on avait grand besoin pour couvrir Vienne, et suscita à la Prusse l'embarras qu'elle aurait voulu éviter avant toute chose : la médiation française. Grâce à elle, on put rappeler l'armée d'Italie, nommer l'archiduc Albrecht commandant en chef de toute l'armée autrichienne (le 13 juillet) et arrêter l'effusion du sang au milieu de la bataille de Blumenau (le 22 juillet) par la proclamation d'une trêve de cinq jours, à laquelle succéda la signature des préliminaires de la paix, à Nikolsbourg, le 26 juillet.

Il est facile de s'imaginer quelle consolation a dû

apporter à l'Empereur, au milieu de ce concert étourdissant de mauvaises nouvelles, l'annonce de la victoire navale de Lissa. Car l'Italie, soit pour ne pas faillir à sa parole, donnée à la Prusse, soit pour réparer son échec, et malgré la cession de la Vénétie, ne voulait pas rester spectatrice inactive, pendant les négociations diplomatiques. Victor-Emmanuel envoya donc l'amiral Persano avec une flotte de 23 bâtiments, dont 10 cuirassés, pour s'emparer de l'île de Lissa, dans les eaux dalmates. Ayant été averti de cette expédition, le vice-amiral autrichien Tegetthoff quitta immédiatement le port de Pola avec une escadre de 22 bâtiments. dont 7 cuirassés seulement, et essaya de le rencontrer. Mais Persano l'avait déjà devancé ; il ne le trouva qu'en face de Lissa. Alors son parti fut immédiatement pris ; il l'attaqua sur l'heure et avec une telle impétuosité, qu'il parvint à couler au premier choc le plus grand cuirassé italien *Il re d'Italia*, ayant à son bord 700 hommes d'équipage. La disparition de ce navire, l'orgueil de la marine italienne, anéantit complètement l'énergie de l'ennemi. Poursuivi par Tegetthoff, il se réfugia à Ancône après avoir perdu un autre bâtiment (le 20 juillet). La diversion que Garibaldi voulut tenter dans le Trentin, ne réussit pas mieux, de sorte que l'Italie se vit forcée de souscrire aux préliminaires de Nikolobourg (le 12 août) sans avoir pu se vanter du moindre avantage.

Les clauses draconiennes du traité de paix de Prague (le 23 août), conclu entre l'Autriche et la Prusse, n'eurent pas encore assez de vertu pour ouvrir les yeux aux hommes d'état autrichiens. Ayant perdu les possessions italiennes de l'Empereur, l'ayant fait exclure de la Confédération germanique, ayant préparé des désastres à sa fidèle et vaillante armée, ils crurent pouvoir recommencer tranquillement leur politique de Pénélope à l'intérieur et surtout avec la Hongrie. Mais François-Joseph, les ayant vus successivement tous à l'œuvre, savait déjà les juger à leur juste valeur. Aussi, pour reconstituer la monarchie sur des bases nouvelles, s'adressa-t-il de préférence au baron de Beust, ancien ministre-président dans le royaume de Saxe, dont le roi Jean avait dû se séparer, car le comte de Bismarck lui avait voué une haine profonde à cause de leur rivalité sans cesse renaissante. Ce choix était d'autant plus heureux que le baron de Beust professait un culte pour le parlementarisme, qu'il devait faire revivre également dans les pays héréditaires. La diète hongroise s'était réunie le 19 novembre et elle avait été informée, par un message, que l'Empereur était décidé à accorder satisfaction à ses demandes. Un autre rescrit faisait des concessions encore plus grandes, l'institution d'un ministère hongrois responsable, et ne réservait, comme affaires communes aux deux moitiés de la monarchie, que l'armée, les affaires étrangères et les douanes. Pour hâter la conclusion du compromis, François-Joseph se mêla directement aux pourparlers, en envoyant le baron de Beust à Pesth afin de s'y aboucher avec les principaux membres du parti Deák, en les invitant à venir à Vienne pour terminer les négociations. Poussées avec vigueur par l'Empereur, elles aboutirent à l'arrangement suivant : dès que le projet préparé par la sous-commission des 15 aurait été adopté par la commission des 67 (voir plus haut), le ministère hongrois serait nommé, et, sitôt l'acceptation définitive de la diète, on procéderait au couronnement. Telle fut, en effet, la marche des événements. Au mois de février 1867, le comte Jules Andrássy, condamné à mort par les cours martiales en 1849 et pendu en effigie, devint président d'un ministère hongrois, où brillèrent les noms du poète-prosateur baron Joseph Eotvos, de Balthazar Horváth, le Chrysostome du Parlement, et on fixa le couronnement au 8 juin.

Ce n'est pas par amour du faste que les Hongrois tiennent à ce grand acte de la vie constitutionnelle, qui ne peut s'accomplir qu'en suivant strictement les règles de la tradition. Ils trouvent dans son cérémonial des garanties pour la sauvegarde de leur constitution, ils pensent qu'un souverain, ayant prêté serment à la face de Dieu et de son peuple, gardera un éternel souvenir de la foi jurée. Dans tous les cas, selon leur conviction, pour régner en Hongrie, il ne suffit pas d'avoir des droits légitimes, il faut être, en outre, possesseur de la couronne de St-Etienne, à laquelle appartiennent les pays hongrois, et dont le contact peut seul donner la véritable investiture au nouveau roi. La reine y participe aussi, car on la lui impose un instant sur l'épaule droite. Il n'est pas sans intérêt de savoir non plus, que l'épithète « apostolique », dans le titre officiel de François-Joseph, ne lui revient qu'en sa qualité de roi de Hongrie, à cause de l'apostolat de St-Etienne, premier roi hongrois.

Les particularités remarquables de la cérémonie sont encore : 1° que le roi ne quitte la couronne qu'après avoir frappé avec son épée quatre coups dans la direction des quatre points cardinaux symbolisant la défense du pays ; 2° qu'il les fait à cheval, en haut d'un tertre, pour la formation duquel on apporte une certaine quantité de terre de chaque département ; 3° qu'en l'y conduisant, tout le cortège se tient à cheval ; 4° qu'il est couronné par le prince-primat d'Esztergam et le palatin, ou, dans l'espèce, par le ministre-président, le comte Jules Andrássy. Après le sacre, le roi dîne en public avec la reine, servis par les titulaires des charges de la cour eux-mêmes.

... Mais si le monde avait ce jour-là ses yeux fixés sur la capitale de la Hongrie, ce n'était pas pour voir ce curieux, ce touchant et grandiose spectacle. Les magnifiques montures des seigneurs bannerets avaient beau piaffer, les costumes étincelants des magnats aveugler, les cris de joie du peuple, les salves des canons, la sonnerie des cloches, assourdir : ce qui émouvait, c'était la pensée que l'on assistait à la réconciliation sincère d'un souverain et d'une nation également bien intentionnés mais n'ayant pas pu se comprendre, que l'on applaudissait au dénouement d'un drame historique commencé il y a dix-neuf ans dans une matinée d'hiver, au fond d'une sombre forteresse, et finissant au seuil de l'été, au milieu d'une foule ivre de bonheur, en pleine lumière.

Et il ne faudrait pas croire que la prospérité de la Hongrie soit au détriment du bien public général dans la monarchie. Presque un quart de siècle est déjà passé, depuis que ce pays a recouvré ses anciens droits, et l'Autriche-Hongrie est aujourd'hui plus puissante, plus estimée et plus respectée que jamais. Le compromis avec les Hongrois était donc une chose juste, utile, et moralement belle. Gloire à tous ceux qui y ont contribué ! Trois fois gloire à François-Joseph, qui l'a consommé avec la simplicité d'un homme loyal et la dignité d'un grand roi !

V

ANNÉES DE BONHEUR

(1867-1888)

« Et ils vécurent heureux » dit-on en terminant un conte. C'est ainsi que nous devions également finir ici cette biographie, désormais uniformément radieuse ; d'autant plus que l'on peut ajouter, toujours comme dans les contes : « ils eurent des enfants. » L'archiduchesse Marie-Valérie naquit le 2 avril 1868 à Bude, l'Impératrice-Reine désirant faire ses couches dans la capitale de la Hongrie, pour donner à ce royaume un nouveau signe de son affection.

Ses sentiments à cet égard ne se sont jamais démentis. Elle passe son temps le plus volontiers au château de Gœdœllœ, que les Chambres hongroises ont offert à François-Joseph comme don de joyeux avènement. Quant aux 100,000 ducats, qui le complétèrent, ils furent destinés par le souverain à la création d'un fond de retraite aux *Honvèds* blessés de 1848-49, ou à leurs veuves et enfants. C'était certes la façon la plus chevaleresque de reconnaître qu'en défendant la constitution, ils n'avaient pas commis de crime.

Leur nom fut du reste ravivé ; on le donna à l'armée territoriale hongroise, à la formation de laquelle le comte Andrássy a tant contribué, et dont le commandant en chef est actuellement l'archiduc Joseph, le type du gentilhomme magyare, dans ce qu'il a de plus élevé, doublé d'un érudit.

Dans les pays héréditaires l'armée territoriale existe également et s'appelle *Landwehr*. Pour leur servir à toutes deux de réserve, on a institué dernièrement, dans toute la monarchie, la levée en masse (en allemand *Landsturm*, en hongrois *nèp-felkelès*). Grâce à cette organisation militaire à trois degrés, l'Autriche-Hongrie est une puissance formidable, qui peut aisément relever le gant de ses ennemis, quels qu'ils soient, et dont l'énergie déjouera bien des combinaisons, basées sur ses défaites. La perfection de son armement ne le cède en rien à celui de ses voisins; son industrie suffira largement à ses besoins militaires, tant sur terre que sur mer, et, en fait de cavalerie légère, personne ne peut lui disputer le premier rang. Par l'extension extraordinaire et, au point de vue stratégique, très favorable, de son réseau de chemins de fer, il lui est aussi facile de se défendre que d'attaquer. Là, où ses frontières sont à découvert, des place fortes les mettent à l'abri d'un envahissement soudain, telles que Przemysl en Galicie, Trébinié dans l'Herzégovine.

Le service dans l'armée commune, c'est-à-dire dans l'armée régulière, ne dure que trois ans. Si, malgré sa brièveté, on trouve chez le soldat austro-hongrois une élasticité, une solidité, une souplesse au-dessus de tout éloge, le mérite en revient en grande partie au corps d'officiers, formés dans les écoles de guerre autrichiennes ou hongroises. Sachant que le suprême chef de l'armée ne manque aucune manœuvre — fût-elle dans le plus lointain recoin de la monarchie, — et que rien n'échappe à ses yeux experts, ils travaillent avec une ardeur infatigable pour contenter le souverain, et pour développer les aptitudes guerrières de leurs troupes courageuses. De là cette liaison intime entre François-Joseph et l'armée, que l'on constatera, au jour du danger, avec plaisir, et dont on cueillera les fruits avec orgueil dans les prochaines victoires.

Tout à l'heure nous parlions de l'Autriche-Hongrie ; après le compromis, cette dénomination dut naturellement prévaloir, correspondant parfaitement au système dualiste, à la parité politique absolue de l'Autriche et de la Hongrie. Au point de vue matériel il y a inégalité entre les deux moitiés de la monarchie : l'Autriche contribue à raison de 70 °/₀ au budget des affaires communes, tandis que la Hongrie ne paie qu'une quote-part de 30 °/₀, proportion arrêtée par les deux parlements.

Pour ce qui concerne le règlement représentatif des affaires communes elles-mêmes, il se pratique au moyen de la *délégation*, assemblée composée de 120 membres, que les deux pays élisent chaque année et envoient pour siéger alternativement dans les deux capitales. Parlant deux langues officielles différentes, — l'allemand et le hongrois, — les délégués ne discutent pas ensemble ; les séances plénières ne servent qu'à voter sur les questions que chaque fraction a déjà séparément débattues.

Ces dispositions législatives, François-Joseph les sanctionna au mois de décembre 1867, ayant convoqué, dans le courant de l'année, le Conseil de l'empire pour délibérer sur le compromis avec la Hongrie. Et les deux parlements fonctionnent depuis ce temps-là régulièrement, rivalisant de zèle dans le bien et ayant confectionné des lois d'une portée considérable : en Autriche, l'abolition du concordat (1869), le mariage civil facultatif, en Hongrie, l'émancipation des Israélites (1867), la réorganisation de la Chambre des Magnats (1885). Animés du même esprit libéral, ils ont aidé l'Empereur-Roi dans tout ce qu'il a voulu entreprendre pour le bonheur de son peuple, et ont réalisé à la lettre le mot d'ordre donné par l'opposition, à la fin du second Empire : « La liberté comme en Autriche-Hongrie ! »

Il est incontestable que, pour obtenir de tels résultats, il leur fallait des pilotes de sang-froid, aux mains vigoureuses et au regard pénétrant. Heureusement pour l'avenir de la monarchie, François-Joseph sut en découvrir plusieurs, qui se maintiennent aisément à la tête des affaires depuis de longues années : les ministres-présidents comte Taaffe et M. de Tisza, le ministre des finances communes M. de Kallay, le comte de Kalnoky, ministre des affaires étrangères, pour ne pas en citer d'autres. Quant à Théodore Pauler, ministre de la justice en Hongrie, l'Empereur-Roi lui avait voué une réelle affection, qu'il a si hautement exprimée à ses obsèques par sa présence, honneur presque sans précédent.

Un des travaux les plus pressants du parlement hongrois fut le compromis avec la Croatie (1868). Tenant, avant tout, à l'intégrité du royaume, les Hongrois ne marchandaient pas le prix que leur demandait la diète croate pour sa réunion définitive à la Hongrie. Et, malgré les sacrifices pécuniaires énormes que cette transaction leur impose pour l'instant, ils n'ont pas eu tort. Leur suprématie intellectuelle s'infiltrera tôt ou tard jusqu'aux couches les plus hostiles de cette nation brave et ardente, mais qui n'a pas eu toujours assez de force morale pour résister aux séductions de l'absolutisme. Tel est aussi le cas des Tchèques en Autriche, dont les revendications nationales sont, sans doute, dignes d'intérêt, mais auxquelles il sera difficile de rendre justice s'ils les réclament au nom de la même liberté qu'ils ont combattue de plein gré chez les autres. L'éthique de l'histoire le veut ainsi, et, somme toute, — grâce à Dieu, — c'est elle qui gouverne le monde.

Ayant pris goût aux voyages à la suite de la visite qu'il fit en 1867 à Paris, et sentant que la marche des événements dans l'intérieur de la monarchie prenait de jour en jour une tournure plus normale, François-Joseph partit au mois d'octobre 1869, pour aller en Terre-Sainte et pour assister à l'inauguration du Canal de Suez. Hôte du Sultan pendant plusieurs jours à Constantinople et de la famille royale de Grèce à Athènes, il débarqua le 8 novembre à Jaffa, et fit son entrée solennelle à Jérusalem le jour suivant. Depuis 1436, année où l'empereur Frédéric III est venu en pèlerinage au tombeau du Christ, aucun souverain de la maison des Habsbourgs n'y avait plus fait ses dévotions.

« Lorsque l'on aperçut Jérusalem, dit le comte de Beust dans ses *Mémoires*, l'Empereur, se conformant à une ancienne coutume, descendit de sa monture pour embrasser la terre. Après être arrivée à la porte de la ville, Sa Majesté se rendit à pied avec son escorte au Saint-Sépulcre pour y prier. »

Le voyage se passa selon le programme : le 15 novembre, arrivée à Port-Saïd ; le 16, inauguration du canal ; le 20, entrée dans la Mer Rouge ; excursion au Caire, visite des Pyramides, retour par Alexandrie, Corfou et Trieste, en tout un déplacement de 42 jours.

Il n'est pas superflu de faire ici mention de la scrupuleuse ponctualité avec laquelle François-Joseph remplit ses devoirs de souverain envers le monde. N'étant jamais malade, il assiste à toutes les cérémonies, et à l'heure indiquée, n'omettant aucun détail, résistant à toutes les fatigues. Il doit sa santé de fer à la régularité de sa vie, à ses occupations continuelles, à sa sobriété proverbiale. Sa grande passion est la chasse, surtout celle du coq de bruyère, qu'il faut surprendre au petit jour, dans le profond silence des grandes forêts alpestres. Aussi, partant le soir, en ayant tué quelques-uns, peut-il néanmoins se trouver à l'heure ordinaire à son bureau de travail. Là il parcourt soigneusement tous les rapports, requêtes ou projets, que ses secrétaires lui soumettent. Les demandes de secours sont chez lui généralement bien accueillies, car il n'écoute que son bon cœur et, ayant une fortune personnelle très considérable, il peut hardiment lui obéir. Très indulgent au point de vue des imperfections humaines, il est d'une rigidité absolue sur les questions touchant à l'honorabilité. La disgrâce de certains hommes politiques resterait inexplicable, si on ne mettait pas en ligne de compte cette circonstance.

Il plane un voile épais sur les intentions secrètes de l'Autriche-Hongrie relativement à la guerre franco-allemande, disent les uns, tandis que les autres prétendent que sa neutralité était parfaitement sincère. Ce sont des déductions psychologiques sur lesquelles se fondent les jugements des premiers ; les seconds insistent au contraire sur l'absence de toute preuve convaincante. La vérité est, cependant, que la monarchie, absorbée par les multiples labeurs de sa transformation radicale, n'était pas prête en 1870 à une action immédiate, et qu'elle devait se régler sur la conduite de la Russie, en face de laquelle elle se trouvait seule, l'Italie étant à la merci du parti avancé, ennemi irréconciliable de l'Autriche-Hongrie à cause du Trentin convoité, et l'Angleterre au pouvoir des libéraux slavophiles et anti-français. Or la Russie soutint ouvertement la Prusse ; il eût donc fallu d'abord en finir avec elle avant de pouvoir secourir la France, devenue républicaine.

L'ancien équilibre européen n'existait plus après la paix de Francfort, et comme les pays monarchiques se voyaient menacés par les doctrines de la Commune de Paris, il se produisit parmi les grandes puissances un nouveau groupement, dont le jeune empire d'Allemagne devint le centre. Mais l'alliance des trois empereurs, conclue lors de leur entrevue à Berlin au mois de septembre 1872, ne pouvait avoir qu'un caractère purement défensif, car certains de leurs innombrables intérêts ou aspirations étaient fatalement condamnés à s'entrechoquer. Par rapport à l'Autriche-Hongrie et la Russie, le heurt provint de la question d'Orient, que le tsar Alexandre II voulut de rechef faire revivre pour essayer à son tour la réalisation des rêves russes : la prise de Constantinople. Si pour François-Joseph il fut déjà en 1853 impossible d'accéder aux instances de Nicolas, comme nous l'avons vu plus haut, nonobstant son influence encore très vivace en Allemagne et en Italie ; depuis qu'il avait été brusquement refoulé de ces deux pays, le moindre progrès de la Russie dans la presqu'île des Balkans, le seul champ d'activité qu'il lui soit resté, dut lui causer des préjudices irréparables. Dans ces conditions, ne voulant pas non plus provoquer une rupture, il usa du seul moyen de défense pratique : d'une demande de compensation. L'empereur de Russie y ayant acquiescé dans l'entrevue de Reichstadt, l'Autriche-Hongrie resta dans la plus stricte neutralité aussi bien pendant les troubles de la Bosnie et de l'Herzégovine (1875), que plus tard pendant les guerres serbo et russo-turques (1876 et 1877).

Cet arrangement secret obtint au congrès de Berlin en 1878 la sanction de l'Europe, seulement il fut transformé en mandat, que les puissances signataires conférent à l'Autriche-Hongrie pour occuper les deux susdites provinces turques, limitrophes de la Dalmatie.

Deux raisons déterminèrent l'Empereur-Roi à accéder aux décisions de ce congrès, que l'Allemagne convoqua pour atténuer les clauses léonines du traité de San-Stéfano, imposé par la Russie au Sultan : le désir de soulager les populations bosniaques chrétiennes et musulmanes, qui lui demandaient aide et protection contre les pachas-gouverneurs déjà à l'époque de son voyage en Dalmatie (printemps de 1875); et la préoccupation de fortifier les frontières de ce royaume adriatique, que sa configuration mettait entièrement à la merci de ses voisins.

La clôture du congrès de Berlin eut lieu le 11 juillet et le 29 un corps d'armée austro-hongrois franchit la Save à Brod pour entrer en Bosnie sous le commandement des généraux Philippovich, comte Szapary, Joannovich.

L'accueil, qu'il y reçut, ne fut pas celui auquel on s'attendait. Le fanatisme mahométan et l'intrigue des panslavistes s'y allièrent sous le masque des sentiments patriotiques pour organiser une résistance désespérée, mais inutile. Le gouvernement austro-hongrois se décida alors à agir énergiquement en envoyant un nouveau corps d'armée. C'était plus qu'il n'en fallait. Sérajévo, Mostar, furent successivement occupés et au bout de deux mois on put regarder les opérations militaires comme terminées. L'année suivante on prit possession sans coup férir du district de Novi-Bazar.

C'est le ministère des finances communes, sous le contrôle direct des Délégations, qui administre aujourd'hui ces deux provinces, dont la richesse minière et forestière dépasse de beaucoup les prévisions les plus optimistes. Au point de vue politique leur occupation est d'une importance capitale. Elle assure à la monarchie austro-hongroise une influence, que toute la presqu'île balkanique subit volontairement comme on a pu s'en convaincre pendant la guerre serbo-bulgare, et qui a la vertu d'exaspérer la Russie, ayant remplacé partout la sienne. Aussi la voit-on quitter l'union des trois empereurs dès 1878, pleine de ressentiments, contre les effets desquels l'Autriche-Hongrie et l'Allemagne se sont prudemment prémunies par un traité d'alliance défensive, conclu en 1879.

Mais au fond ces acquisitions territoriales, ces avantages diplomatiques ne sont que les corollaires naturels de l'essor extraordinaire, que l'Autriche-Hongrie a pris depuis l'institution du dualisme. Introduisant des améliorations incessantes dans son organisation politique — des élections directes pour le Conseil de l'empire, la dissolution des confins militaires en Hongrie, — perfectionnant les rouages du gouvernement, les procédures de la justice, complétant l'arsenal des lois elle est devenue de jour en jour plus apte à marcher de pair avec les pays les plus civilisés, comme l'Exposition universelle de Vienne en 1873 et l'Exposition nationale dans la capitale de la Hongrie en 1885 ont pu le prouver à l'évidence. Par les produits, que les artistes, les industriels, les agriculteurs et les artisans austro-hongrois y soumirent à l'appréciation des visiteurs, accourus des deux hémisphères, — parmi lesquels on doit citer presque tous les souverains de l'Europe, et le Schah de Perse, invités par l'Empereur-Roi, — il fut aisé de convaincre de leur supériorité incontestable dans toutes les branches de l'activité humaine.

Et que dire des deux villes, qui formèrent le cadre de ces joutes pacifiques?

Si jamais rêve devint réalité, ce fut assurément celui de François-Joseph, dans lequel, en permettant le démantellement de ses fortifications, il entrevit Vienne transformé. Trente années se sont à peine écoulées depuis, un court laps de temps dans l'existence d'une grande capitale, et cependant l'œuvre est déjà complètement achevée à l'étonnement des gens compétents eux-mêmes. Car il ne s'agissait pas là seulement de la réunion de plusieurs palais dans un seul ou de leur dégagement ; de la rectification, du percement des rues ; il fallait créer tout d'un coup des monuments de l'importance d'un Hôtel-de-Ville, d'une Université, d'un Parlement, d'un Opéra, d'un Théâtre de la Cour, de plusieurs Musées, qui se suivent maintenant sans interruption le long du *Ring*, bordé de parcs, représentant tous les styles de l'architecture. Vers le Danube, que l'endiguement resserre désormais dans un lit profond et toujours navigable, ils s'est élevé de nouveaux quartiers luttant d'animation avec la Ville-intérieure, dont les étalages somptueux défient toute concurrence.

Relié par deux lignes de chemins de fer à la majestueuse ville impériale, Budapest offre un aspect tout différent. La fantaisie orientale et l'art de l'Occident s'y sont donnés rendez-vous, qu'une situation exceptionnelle favorise au plus haut degré. Centre de la vie politique, administrative et intellectuelle du pays, la capitale hongroise est en même temps son marché principal, son plus considérable port sur le Danube. De là son animation particulière, reflétant la vie sous toutes ses faces, avec l'intensité du caractère hongrois ; de là son air gai et charmant que la construction du Parlement et l'agrandissement du château royal rehaussera bientôt d'un nouvel éclat.

Prenant exemple sur ces résidences, Fiume, Prague, Trieste se sont également beaucoup embellies, ainsi que les villes importantes des provinces, pourvues peu-à-peu de tout ce qui doit répondre aux multiples besoins de l'existence moderne ; lycées, hopitaux, théâtres, bibliothèques.

Interminable est la liste des bienfaits de l'Empereur-Roi ; tout le monde connaît sa bonne volonté, que rien ne rebute, sa philanthropie, qui l'a conduit à Szegedin le lendemain de la terrible inondation, son équité, à l'instigation de laquelle il a renoncé à son droit de no pas être imposé. Et cependant, il nous semble que, malgré cela il faudrait mentionner en premier lieu son amour paternel, le soin avec lequel il a formé le cœur et l'esprit de son fils et héritier, l'archiduc Rodolphe. Car si la sollicitude affectueuse du père de famille pour ses enfants et pour leur éducation est déjà une vertu chez le commun des mortels, de quel nom la désigner chez les souverains, qui en l'exerçant, préparent en même temps l'avenir heureux de leurs sujets ?

Il est vrai que pour François-Joseph la tâche

était sensiblement simplifiée. Esprit vif, imagination ardente, soif de savoir, ces trois facteurs des organisations supérieures, l'archiduc Rodolphe les possédait naturellement, stimulés par l'ambition louable d'une jeunesse robuste. Faisant partie de l'armée dès sa naissance en qualité de colonel honoraire, il s'est occupé d'abord de tout ce qui touche à la stratégie. Mais déjà sa fièvre d'activité ne se contenta plus des abstractions de l'art militaire dont les longues années de paix que l'Empereur-Roi a procurées à la monarchie, ont fait une science essentiellement spéculative; au sortir de l'adolescence il devint donc écrivain, publiant ses impressions de voyage, des pages consacrées à l'histoire naturelle. Un style coloré et concis, des aperçus originaux donnèrent une réelle valeur à ces prémices de sa carrière littéraire et lui promirent des succès nombreux et mérités. Comprenant alors néanmoins qu'en sa qualité de futur souverain d'un grand état, il lui était interdit de ne penser qu'à sa gloire de littérateur, il a conçu une œuvre, dans laquelle les qualités brillantes de sa plume, la séduction de son talent descriptif ne sont qu'un moyen pour servir la plus noble des causes : le patriotisme L'œuvre est un vaste ensemble : *La Monarchie aus-*

tro-hongroise en paroles et en images, embrassant la géographie, l'ethnographie, l'histoire politique, littéraire et artistique, ainsi que l'énumération des ressources agricoles, industrielles, des forces militaires et navales de ce puissant empire. Pour la mener à bonne fin il s'est assuré le concours de plus de deux cents écrivains et artistes autrichiens et hongrois, avec l'aide desquels il atteindra assurément le but élevé, qu'il s'est proposé : de faire connaître à tous ses habitants, à faire aimer par tous ses peuples leur patrie commune, l'Autriche-Hongrie.

Le 10 mai 1881 l'archiduc Rodolphe épousa S. A. R. la princesse Stéphanie, seconde fille de S. M. Léopold II, roi des Belges. De leur heureuse union il n'est issu jusqu'ici qu'un enfant : l'archiduchesse Elisabeth, née le 2 septembre 1883, tandis que par sa fille ainée, l'archiduchesse Gisèle, mariée à S. A. R. le prince Léopold de Bavière, l'Empereur-Roi est devenu déjà trois fois grand-père, nom qu'il entend prononcer avec infiniment de plaisir par ses petits-enfants, ses affections les plus chères.

Comme en 1873 pour le vingt-cinquième anniversaire de son avénement, comme en 1879 pour ses noces d'argent, il y aura cette année le 2 décembre dans la monarchie austro-hongroise partout des fêtes splendides à l'occasion de ses quarante ans de règne révolus. Cette courte esquisse de sa biographie, ce récit succinct de ses actions suffira peut-être à convaincre quiconque, que les réjouissances seront sincères et partout motivées. Car à mesure que le temps passe et que la bonté, la droiture de François-Joseph se maintiennent à leur apogée, il devient de plus en plus manifeste que les pages sombres de son histoire n'ont pas dû être écrites de sa main, et que les fautes commises ne lui sont pas imputables. Bien intentionné, mais se méfiant de ses propres forces, d'abord il n'a pu faire prévaloir sa volonté, qu'autant qu'elle s'était trouvée d'accord avec celle de son entourage présomptueux ou doctrinaire, jusqu'à ce que les événements n'aient démenti sa prétendue supériorité. Il disparut alors confus, permettant à l'Empereur-Roi d'avancer vers son idéal unique : d'être le souverain aimé de ses peuples libres. Voilà le secret de ses évolutions constantes, de ses hésitations dans la politique, que le serment solennel, prêté le jour de son couronnement, a définitivement terminées. Depuis il est resté le même, c'est-à-dire le gardien fidèle des constitutions autrichiennes et hongroises et le sera encore pendant de longues années, si Dieu exauce les vœux fervents de ses millions de sujets. Quant aux entreprises hostiles des humains contre François-Joseph et contre leur patrie, ils sauront bien les en défendre.

Et par quel moyen? La grave devise de l'Empereur-Roi y a déjà répondu : *Avec les forces réunies* :

VIRIBUS UNITIS.

Hymne National Autrichien

D'après l'autographe du compositeur J. Haydn

ARMES D'AUTRICHE

TRADUCTION DE L'HYMNE NATIONAL AUTRICHIEN

Dieu protège l'Empereur François,
Le bon Empereur,
Longue vie à l'Empereur François!
Que le bonheur l'accompagne
Et qu'il récolte des lauriers!

Hymne Hongrois

Moderato

Szent István szent Ko-ro-ná-ja Ki hord felkent hom-lo-kán? Nép-vezé-re, nép-bál-vá-nya

Ki lett a ma-gyar hazán? Első Ferencz-József az, Törvényes Ki-rá-lyunk, Élni, halni hi-ve-i

Ér-te, ve-le vá-gyunk; Tartsd meg Is-ten Kegyel-med-ben, És tü-jé-nek szent-sé-gé-ben,

Tartsd meg Is-ten Királyok nagy Is-ten-e!

rit. a tempo

A. de B.

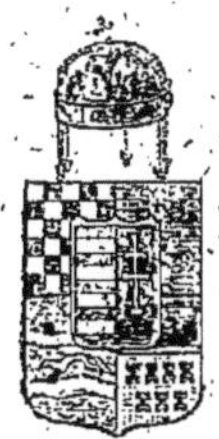

ARMES DE HONGRIE

TRADUCTION DE L'HYMNE HONGROIS

Sainte couronne de St-Etienne,
Qui te porte sur son front sacré?
Qui est devenu chef du peuple, idole du peuple,
Dans le pays des Hongrois?
C'est notre roi légitime
François-Joseph I.
Nous, ses fidèles, nous désirons
Vivre et mourir avec lui.
Que Dieu le protège dans sa clémence,
Dans la sainteté de son serment!
Que le Dieu des Rois le protège!

TABLE DES MATIÈRES

FIN DE LA TABLE

Saint-Amand (Cher). — Imprimerie DESTENAY.

Paris — Imp. A. WARMONT, 22-24, Galerie d'Orléans, Palais-Royal.

www.ingramcontent.com/pod-product-compliance
Ingram Content Group UK Ltd.
Pitfield, Milton Keynes, MK11 3LW, UK
UKHW021503230726
13924UKWH00012B/1816